# O CONSENSO DAS OPORTUNIDADES

CONSELHO EDITORIAL

Ana Paula Torres Megiani

Eunice Ostrensky

Haroldo Ceravolo Sereza

Joana Monteleone

Maria Luiza Ferreira de Oliveira

Ruy Braga

Tatiana de Amorim Maranhão

# O CONSENSO DAS OPORTUNIDADES

Banco Mundial e PNUD no combate à pobreza

Copyright © 2018 Tatiana de Amorim Maranhão

*Grafia atualizada segundo o Acordo Ortográfico da Língua Portuguesa de 1990, que entrou em vigor no Brasil em 2009.*

Edição: Haroldo Ceravolo Sereza
Editora assistente: Danielly de Jesus Teles
Projeto gráfico e diagramação: Danielly de Jesus Teles
Assistente acadêmica: Bruna Marques
Revisão: Alexandra Colontini
**Arte de capa e contracapa: Marcelo Berg**

CIP-BRASIL. CATALOGAÇÃO NA PUBLICAÇÃO
SINDICATO NACIONAL DOS EDITORES DE LIVROS, RJ
M26c

Maranhão, Tatiana de Amorim
 O consenso das oportunidades : banco mundial e PNUD no combate à pobreza / Tatiana de Amorim Maranhão. - 1. ed. - São Paulo : Alameda, 2018.
21 cm.
Inclui bibliografia
ISBN 978-85-7939-551-2

 1. Sociologia. I. Título.

18-49468  CDD: 301
  CDU: 316

Editora filiada à Liga Brasileira de Editoras (LIBRE) e
à Alinça Internacional dos Editores Independentes (AIEI)

ALAMEDA CASA EDITORIAL
Rua 13 de Maio, 353 – Bela Vista
CEP 01327-000 – São Paulo, SP
Tel. (11) 3012-2403
www.alamedaeditorial.com.br

# Sumário

**Apresentação da coleção**
11

**Prefácio**
O combate à pobreza como redução da política
13

**Apresentação**
19

**Introdução**
27

**As reformas neoliberais e o Banco Mundial**
45
Os antecedentes da agenda política das
reformas do ajuste estrutural
48
As políticas de desenvolvimento do Banco Mundial
nas décadas de 1960 e 1970 – um padrão de crescimento
e de controle social para a periferia
65
A agenda do ajuste estrutural
84

## A melhor forma de governar as reformas do ajuste estrutural
**95**

*Controvérsias sobre o tema da governabilidade*
97

*O nascimento da doutrina da boa governança*
107

*A sociedade civil como instrumento do enraizamento local das mudanças econômicas*
127

## A dimensão humana como garantia de oportunidades
**135**

*Os antecedentes da estratégia de redução da pobreza*
138

*A abordagem das capacidades entre as Nações Unidas e o Banco Mundial*
148

*O desenvolvimento humano e a criação de um ambiente de oportunidades*
159

## A redução da pobreza como estratégia de liberalização
**179**

*O desenvolvimento como um planejamento estratégico de "transformação" da sociedade*
181

*A convergência em torno da estratégia de redução da pobreza*
195

Considerações finais
O consenso das oportunidades na fronteira aberta do neoliberalismo
223

Bibliografia
231

(...)

**Jasão:** Sabe qual é?...

**Creonte:** O que?

**Jasão:** Minha valia?

**Creonte:** Qual é?...

**Jasão:** Seu Creonte, eu venho do cu
do mundo, esse é que é o meu maior tesouro
Do povo eu conheço cada expressão,
cada rosto, carne e osso, o sangue, o couro...
Sei quando diz sim, sei quando diz não,
eu sei o seu forte, eu sei o seu fraco,
Eu sei quando chora ou quando faz fita
Eu sei quando ele cala ou quando grita
E o que ele comeu na sua marmita,
eu sei pelo bafo do seu sovaco
Eu conheço sua cama e o seu chão
Já respirei o ar que ele respira
A economia para prestação
da casa, eu sem bem de onde é que ele tira
Eu sei até que ponto ele se vira
eu sei como ele chega na estação
Conheço o que ele sente quando atira
as sete pedras que ele tem na mão
Permita-me então discordar de novo,
que o senhor não sabe nada de povo,
seu coração até aqui de mágoa
E o povo não é o que o senhor diz, não
Ceda um pouco, qualquer desatenção,
faça não, pode ser a gota d'água

**Creonte:** Muito bem. É com esse capital,
seu Jasão, que você quer ser meu sócio?

**Jasão:** É. Tem que ceder um pouco. Afinal
está em jogo todo o seu negócio
(...)

*Gota d'água*, Chico Buarque e Paulo Pontes, 1975.

# Apresentação coleção SAGEMM
# "Social activities, gender, markets and mobilites from below (Latin America)"

*Cibele Saliba Rizek* e *Isabel Pauline* Hildegard Georges

A coleção organizada a partir da rede de pesquisa SAGEMM – *Social activities, gender, markets and mobilities from below (Latin America)* é dedicada à publicação de obras de pesquisadores que estabeleceram interlocuções a partir do Laboratório Misto Internacional, fomentado desde 2016 pelo Institut de Recherche pour le Développement – IRD, sediado na França e co-coordenado por Isabel P.H. Georges (IRD) e Cibele S. Rizek (USP).

As temáticas desta coleção se debruçam sobre um conjunto de processos de transformação no âmbito do trabalho, família e políticas sociais e de assistência, bem como suas ancoragens urbanas. Suas dimensões de análise abarcam questões de gênero, estruturas familiares, processos de concepção, implementação e operacionalização de políticas sociais, problematizando a dinâmica dessas interconexões com relação aos desafios impostos pela mundialização. Toma-se como objetos de pesquisa e análise tanto as políticas voltadas ao mercado de trabalho, à família e às questões de gênero, como as políticas urbanas, também em transformação desde os anos 1990, nos cruzamentos entre o horizonte de direitos e as formas de governo e de controle. A análise dessas políticas sociais e daquelas voltadas para o mercado de trabalho tem ainda como desdobramento o desafio de compreender como os atores que as implementam bem como seus beneficiários acabam por experimentá-las. A articulação entre objetos e programas de pesquisa que compõem a rede se assenta: na constatação de uma relação paradoxal entre a tendência mundial de desregulação por um lado, e os modos de ativação, por outro; nas dinâmicas da formalização/informalização no âmbito da América Latina, da experimentação de políticas sociais – inclusive as do trabalho – e de sua circulação, configurando a região como um laboratório de experimentações. Trata-se de investigar como políticas sociais e urbanas, bem como políticas de (des)regulação do mercado de trabalho são adaptadas a configurações nacionais específicas, por meio de um processo de pesquisa multi-escalar e multi-situado que pretende iluminar processos sociais e históricos por sua justaposição e, quando possível, sua comparação.

# Prefácio
## *O combate à pobreza como redução da política*

*Cibele Saliba Rizek*[1]

O texto que tenho o prazer de apresentar aqui foi confeccionado em primeira versão como tese de doutoramento e passou por uma revisão e atualização cuidadosas para sua publicação. Seu tema tem uma dimensão muito transversal, desdobrando-se em questões que dizem respeito à pobreza, às enunciações e nomeações da pobreza, às políticas de combate à pobreza, bem como a um conjunto de relações e tramas que atravessam países, continentes, contextos sócio econômicos e sócio políticos diversos entre si. Essa extensão e complexidade colocou desafios importantes a uma pesquisa bem sucedida nos seus recortes, pesquisa de natureza necessariamente documental que deu origem à tese e, posteriormente, ao livro. Trata-se de texto denso, cuja leitura exige atenção às citações de documentos produzidos pelas

---
[1] Cibele Rizek é Doutora em Sociologia. Professora titular do Programa de Pós Graduação em Arquitetura e Urbanismo do IAU/Universidade de São Paulo e professora colaboradora do Programa de Pós Graduação em sociologia da UFSCar. Pesquisadora do Centro de Estudos dos Direitos da Cidadania, também da Universidade de São Paulo.

agências multilaterais, em especial o Banco Mundial e a ONU, que se transformam em provas do argumento central.

Duas leituras integrais e densas do texto – a primeira necessária para a participação na banca final do doutoramento na companhia de professores e pesquisadores cuja produção foi e é inspiradora, como Maria Célia Paoli, que orientou o trabalho, Francisco de Oliveira, Paulo Arantes, Ary Minella – e a segunda para repensar seus temas anos depois – colocam algumas questões que demonstram, por um lado, sua atualidade e, por outro, a importância de sua publicação nove anos depois da primeira versão ter sido escrita.

Algumas das perguntas que o leitor pode conferir ao longo do livro dizem respeito aos significados e dimensões que se enredam no mantra do combate à pobreza em âmbito mundial. Para isso, os deslizamentos e reconfigurações do que vem sendo nomeado como pobreza acabam por se impor, já que produziram as tramas nas quais reconhecemos o objeto dessa nomeação, ou dito de outro modo, produziu o que passou a ser identificado como pobreza. Também é possível entender – ou pelo menos começar a entender – os critérios de identificação da pobreza como realidade assim produzida, os modos de seu mapeamento, suas circunscrições territoriais que permitem apreender realidades supostamente semelhantes em continentes e contextos bastante diversos entre si, assim como meios de combatê-la.

As questões levantadas por Tatiana Maranhão, perseguidas e documentadas por sua pesquisa, colocam em cena as modulações do tema, definições, circunscrições e tratamento da pobreza em âmbito mundial como tessitura que criou consensos, inspirou governos de orientações políticas diversas entre si, colocou horizontes de envolvimento e participação, redesenhou questões e programas, em uma palavra, produziu índices, mensurações, avaliações, redesenhou e fabricou a realidade da pobreza devidamente atualizada, claramente modulada diante dos parâmetros contemporâneos de uma nova racionalidade, que autores como Dardot e Laval, chamaram de neoliberal. Nesse contexto algumas palavras passaram por processos de ressignificação, seus sentidos sofreram deslizamentos importantes, de acordo com o sopro dos tempos e de suas linhas mestras, seus mecanismos de estruturação. Assim, por exemplo, os processos de modernização diriam respeito menos a sociedades do que a *indivíduos a serem integrados num mundo globalizado*; vida e liberdade, também rearranjadas em suas significações, acabariam por se aproximar numa concepção de desenvolvimento desdobrado em condições de vida *dos indivíduos* o que aumentaria as chances de sustentação (ou, de acordo com o vocabulário mais contemporâneo, de *sustentabilidade)* das políticas econômicas sujeitas às "contingências dos processos democráticos". Encolheram as perspectivas e expectativas relativas a *planos* e alargam-se as *estratégias* inspiradas nas diretrizes das corporações a serem estendidas às práticas dos agentes do Estado, sujeitas às formulações das doutrinas da boa governança.

Trata-se de "transformar a sociedade", a partir de uma " visão de futuro" traduzida em objetivos identificados e quantificados tais como a redução da pobreza ou um de seus corolários, a universalização da educação primária. Processo aberto e em redefinição, essas metas e objetivos pressupõem a participação na formação e alimentação desse "novo capital social". Essas estratégias são hoje não apenas conhecidas, mas fortemente imbricadas em um novo vocabulário em torno qual parece haver acordo à direita e à esquerda, perpassando parte significativa do espectro político mundial. Reconhecemos nesse vocabulário as parcerias, a inserção local, os modos de participação, o envolvimento da sociedade civil, voltados todos para os ganhos de eficiência das estratégias de desenvolvimento, voltados para a identificação e o atendimento das necessidades dos públicos alvo, devidamente motivado a colaborar com os objetivos dessa transformação, pela utilização máxima *das capacidades de cada indivíduo*.

Alguns períodos especialmente importantes podem evidenciar as grandes linhas dessa transformação que teria tido lugar no final do século XX, tornando-se parte inelutável da realidade já produzida e pactuada nas primeiras décadas do século XXI. Dessa perspectiva talvez seja possível localizar nos anos 1990 os pontos de inflexão que constituíram leituras e consensos em torno do que Tatiana Maranhão chamou, a partir da nova literatura sobre a pobreza, de *oportunidades*. Além desse conjunto de significados e medidas, algumas outras palavras passariam a fazer parte dessa constelação: o ímpeto e os impulsos de avaliação (de índices, de programas, de processos), as metas e os rankings de países, cidades, instituições, a identificação e o combate às instabilidades em nome da boa governança, o capital e o desenvolvimento humano. Foi-se o tempo em que pobreza se associava às dimensões do trabalho e/ou à extensão e incorporação pelo trabalho assalariado. Desvanecia-se qualquer veleidade de uma visão de mundo ancorada na produção, nas desigualdades estruturais, nas classes. Uma forte reconfiguração da pobreza e de seu combate redesenharam o mundo da precariedade e suas saídas, na onda neoliberalizante da responsabilização e da superação individuais às dificuldades.

Os pobres são, a partir desse novo momento, os convidados de honra no quadro dessas novas estratégias a um só tempo de combate à pobreza e de redefinição do desenvolvimento, como se pode constatar pelos parágrafos finais do livro, onde a autora aponta a transformação do lugar e do papel dos padrões sociais da periferia, devidamente transformados em " focos de equilíbrio do sistema", de modo muito distante do cenário desenhado nas décadas de 1960 e 1970. Consolidava-se assim uma estratégia de desenvolvimento "definida por metas quantificáveis (abertas às contingências presentes no tempo e no espaço) formulada nos marcos da convergência entre o novo paradigma de desenvolvimento (...), o enquadramento do desenvolvimento presente nos Relatórios de Desenvolvimento Humano do PNUD e o posterior lançamento dos Objetivos do Desenvolvimento do Milênio pelas Nações Unidas." No interior dessas tramas e convergências o lugar dos pobres – redefinidos pela abordagem múltipla da pobreza de Amartya Sen "é o de 'parceiros' nessa estratégia de redução da pobreza", de acordo com as prescrições do ideário e dos novos sentidos do desenvolvimento a partir da útlima década do século XX. E assim, o livro chega ao seu final apresentando a nova plausibilidade – hoje transformada em verdade que se afirma sem provocar indignação – da "gestão dos níveis de pobreza como estratégia para o avanço do neoliberalismo".

Essa conclusão certeira que combina a gestão da pobreza com as formas de ajuste, que apresenta os atores e os discursos desse novo quadro de consensos, das novas modulações da realidade sócio política e sócio econômica da pobreza em âmbito mundial demonstra por que a publicação e a leitura desse livro são imprescindíveis como documentação e reflexão a respeito do momento em que vivemos.

# Apresentação
## *A grande reação*

*Anderson Gonçalves*[1]

**1.**

Embora sem ligação direta com o nosso assunto, comecemos com um fato anedótico de interesse. Contam que Aby Warburg, filho de uma família de banqueiros, quando internado numa clínica no começo da década de 1920, por conta de uma "depressão melancólica", entabulava por horas conversas com insetos e borboletas que voavam por seu quarto. A esses "bichinhos com almas", o grande historiador da arte e fundador da célebre Biblioteca Warburg fazia confidências – e, entre elas, a experiência que desencadeou sua crise psíquica.

"No dia 18 de novembro de 1918", indicava Warburg com precisão, "tive muito medo por minha família". E é de se imaginar que ele tenha respirado fundo antes de continuar seu relato. "Peguei um revólver e quis me matar junto com ela". E contudo se

---

[1] Professor do Departamento de Teoria Literária e Literatura comparada, FFLCH-USP.

justificou sobre o porquê da intenção extrema: "Sabe como é, o bolchevismo estava chegando".

Eram os espartaquistas que, em Hamburgo, chegavam à casa do homem que, em 1900, escreveu ao irmão caçula, ao qual cedera seu lugar de mais velho nos negócios da família, a seguinte consideração sobre sua biblioteca: "Devemos demonstrar, através de nosso exemplo, que o capitalismo também possibilita o trabalho do pensamento, numa escala a que só o capitalismo é capaz de dar acesso".[2] Os tempos são outros, é verdade, mas tampouco se desmanchou o parentesco entre eles.

Esse emblemático e "grande medo" de Warburg coincidiu com uma crise de outra ordem, o fim da era liberal.[3] A *ratio* do valor de troca, expressando-se ideologicamente, não podia mais apaziguar as tensões de classe. Já não havia fachadas. A crise exigia um poder extraeconômico para tomar as decisões, inclusive para o bom funcionamento da economia. A organização social, em resumo, já não se dava inteiramente sob o discernimento da troca; a violência era clara.[4] A possibilidade de libertação se abria às classes trabalhadoras – e também formas novas delas serem organizadas e dominadas. Diante do medo que resposta haveria de se dar? Desde então replicaram-se algumas delas à "questão social" (expressão que muitas vezes parece um eufemismo para pobreza e revolução); entre elas a ascensão do nazifascismo, uma

---

2   As informações e citações foram tiradas do livro *Aby Warburg e a imagem em movimento*, de P.-A. Michaud (Rio de Janeiro, Contraponto, 2013).

3   Karl Polanyi, *A grande transformação. As origens de nossa época*. Rio de Janeiro, Campus, 2000.

4   Jacob Taubes, "Cultura e ideologia" (1968), *Messianismo e cultura: saggi di politica teologia e storia*. Garzanti, 2001 p. 283-309 e também Karl Marx, *Grundrisse*. São Paulo/Rio de Janeiro, Boitempo/UFRJ, 2011, p. 587 ss. (O trecho refere-se à discussão sobre o depois da grande indústria).

guerra mundial, a queda militar do nazifascismo, o comunismo soviético e seus satélites (ascensão e queda), a instauração e o desfazimento do Estado de bem-estar social.

Uma das últimas respostas, regida pelo Banco Mundial, criado no final de 1944, assenta suas balizas no que se chama hoje de *gestão da pobreza* (sinônimo de não-erradicação ou manutenção em 'níveis toleráveis' da pobreza). Aqui começa algo da nossa contemporaneidade e o assunto propriamente deste livro que apresentamos.

**2.**

Do hemisfério norte, centro capitalista, serão observadas, e tomadas como alvo de práticas, as periferias, e não apenas estas últimas. Cronologicamente, tudo isso coincide com o desmanche do *welfare state*, o surgimento da teoria do capital humano (quando cada trabalhador carrega a si mesmo no bolso como patrão e qualquer coisa como luta de classes parece muito distante), da doutrina da governança (construção institucional, boa governança e redução da pobreza), do novo paradigma do desenvolvimento humano (santo Amartya Sen que lhes dê a benção!) ... Teórica e praticamente pode ser descrito como um processo crítico, portanto não-dogmático, de idas, vindas, reformulações em que se repensa e se refaz, ou para usar as palavras de Tatiana Maranhão, um processo de *modulações* da administração mundial.

Trata-se de um poder que simultaneamente blinda o bom, livre e autônomo mecanismo do sistema financeiro e gere globalmente, mantendo em rédeas curtas, as populações que são tratadas com base em questões formuladas e respondidas conforme a nova razão contemporânea, dentro da qual ser gerido é também administrar-se a si mesmo. Como se tabula a vida social e daí se extraem metas e normas gerais? Como se ocupa o lugar da imaginação e se estabelece por cada qual, em sua especificidade, uma lógica que se pratica cotidianamente? A "lógica do mercado" é desdobrada em "lógica normativa, do Estado ao mais íntimo da subjetividade".[5] Com isso até mesmo uma nova antropologia, em sentido filosófico, pode ser fundada para legitimar e regrar, individual e coletivamente, os discursos, as práticas, os expedientes, as diligências, os monitoramentos, as avaliações, em suma, os dispositivos da nova era da concorrência e da emergência.

### 3.

Mas voltemos ao medo e a uma ou duas concomitâncias históricas à produção do "consenso das oportunidades". Mais que um vocabulário, um modo de agir e pensar se formulou no Pós--Segunda guerra e claramente foi se firmando a partir dos anos 1970. O medo, impelido a seu extremo, poderia ser aproximado de catástrofe (que se pense, extremadamente, na hecatombe nuclear ou ecológica). Mas como se retruca de maneira imediata, automática e eficaz às ameaças de catástrofe? Talvez por meio da afirmação de um sentimento contrário: segurança.[6] Ou seja, a capacidade de previsão e controle e, para tanto, é imperativo ser responsável. E a responsabilidade, poderia pontificar o filósofo, se diz de várias maneiras. Vejamos uma primeira.

O medo, que gera responsabilidade, é a esperança. Ou, como disse Hans Jonas em 1979, trata-se de alcançar, pelo conhecimento de uma *heurística do medo*, "uma maturidade capaz de renunciar à ilusão", de recusar as ficções do ideal de utopia e do princí-

---

5  P. Dardot & C. Laval, *La Nouvelle raison du monde. Essai sur la société néolibérale*. Paris, La Découverte, 2009, p. 21.
6  Lucien Febvre, "Pour l'histoire d'un sentiment: le besoin de sécurité" (1953), *Pour une histoire à part entière*. Paris, EHESS, 1982, p. 849-853.

pio de igualdade.⁷ Em síntese, que se abandonem os extremismos em favor da moderação e, com isso, se poderia evitar a extinção da espécie humana por meio de decisões em favor de uma melhor administração, dentro da qual também cabe, por exemplo, a variação estatal da responsabilidade nomeada *accountability*. Trazendo para o presente, política torna-se então governo com o qual se estabilizam os focos de tensão da "guerra civil mundial". Ou ainda, para usar uma terminologia teológica, o *katechon* tem êxito em evitar a chegada do anticristo e basta se confortar que não chegaram o fim dos tempos nem o céu na terra.

Essa governabilidade, acompanhada de segurança e responsabilidade em que estão todos economicamente ajustados, também traz consigo uma descentralização, gestora das multiplicidades, que apela ao empenho de cada um em sua localidade. Esse novo engajamento focalizado, capilarizado e enraizado, ferramenta de construção do consenso em torno das reformas liberalizantes, tem o nome de *empowerment* – primeiramente traduzido como "autonomia" (conforme o Relatório do Banco Mundial de 2000) e depois simplesmente por "empoderamento". Pelo vocabulário, alguém desatento poderia se crer no meio de um clube iluminista, ou revolucionário, de discussão sobre as melhores formas de se erguer as instituições da República. Mas, nos termos dos cupinchas e pequenos inquisidores (gestores) da nova ordem mundial, essa figura grotesca que estamos desenhando é a globalização com uma face "mais humana".

---

7   Hans Jonas. *O princípio responsabilidade. Ensaio de uma ética para a civilização tecnológica*. Rio de janeiro, Contraponto, 2006. Cabe não esquecer que o livro, já em seu título, é também uma resposta a Ernst Bloch e seu *Princípio esperança*. Ernst Bloch. *O princípio esperança*, vol. 1. Rio de Janeiro: Contraponto, 2005.

Numa outra chave, essa história do medo foi resumida, em fevereiro de 2011, por ocasião da Primavera árabe, particularmente a Tunísia, pelo historiador francês Pierre Serna. Ele se questionava sobre o fato curioso de que a imprensa tivesse entrevistado sobre "uma revolução nascente" um especialista em Império (Jean Tulard), mas não sem deixar de indicar que se tratava de uma França em "tempos de recuo sistemático do pacto republicano". O desligamento francês da Revolução e da República teria data de nascimento no rescaldo do pós-1968 e teria como um ponto privilegiado de observação a ascensão conservadora na disciplina acadêmica "história", que vinha como que preparando o terreno para a entrada em cena da era de Thatcher e Reagan. Ele é devidamente irônico em seu resumo:

> O que foi dito, na França, sobre a revolução: objeto frio, ultrapassado, historicizado, desde 1977, data da publicação do livro de F. Furet, *Penser la Révolution*, que violentamente trazia à baila o catecismo republicano e a mitografia de uma Revolução francesa terminada, acabada. Com essa afirmação a ideia de revolução estava descreditada, estigmatizada. A revolução, mundo da violência, deveria ser erradicada no futuro. Antes a reforma do liberalismo, que era proposta sem cessar, do que a revolução assustadora e forçosamente desviada pelos totalitarismos de todos os gêneros. Estamos transidos, timoratos, amedrontados pela crise. A revolução tornou-se um objeto congelado, a se estudar com as lunetas dos historiadores e, sobretudo, a não se imaginar de qualquer modo que seja na atualidade.[8]

---

8 P. Serna. "Les Tunisiens ne sont pas en 1789 ! ou impossible n'est pas tunisien", http://cvuh.blogspot.com.br/2011/02/les-tunisiens-ne-sont--pas-en-1789-ou.html. Cf. também "La Révolution comme politique des égaux", prefácio assinado por ele e outros historiadores para o livro *Pour quoi faire la révolution* (Marseille, Agone, 2012).

Confiante no momento em que a chapa esquentava no mundo árabe, Serna tira uma lição sua: "Não são as populações tomadas coletivamente que tem medo quando as crises sociais engendram uma extrema tensão: são os governantes".

**4.**

Como se vê, contar a história da criação do consenso das oportunidades toca em vários pontos sensíveis da nossa época. Muitos elementos aí se interligam e se ramificam. Poder destrinçá-los é uma tarefa difícil e necessária. O livro de Tatiana Maranhão, *O consenso das oportunidades: Banco Mundial e PNUD no combate à pobreza*, nos conta minuciosamente sobre um dos fios dessa grande reação geradora do conformismo de buscar abrigo no próprio inferno. Não se tratará aqui de uma história do Banco Mundial, mas de apreender as variações em que se modularam as políticas que desembocaram na atual gestão da pobreza, nas quais aliás se encontram, hoje, as partes políticas que se chamavam de direita e esquerda. Um claro enigma do nosso tempo.

# Introdução

Este livro é fruto da tese de doutorado defendida na USP, em 2009, sob o título *Governança mundial e pobreza: do Consenso de Washington ao consenso das oportunidades*. Descreve-se nela uma convergência política que ocorreu na década de 1990 entre o Banco Mundial e as Nações Unidas em torno de uma nova estratégia de desenvolvimento. Esse foi o momento em que, de um lado, revisões críticas internas às reformas neoliberais repercutiram em modulações na agenda de desenvolvimento do Banco Mundial e, de outro, no âmbito das Nações Unidas, o desenvolvimento era redefinido como um processo de expansão de oportunidades no lugar do acúmulo de riqueza. A hipótese que conduzira a redação da tese era que estava em jogo neste processo a construção de novas referências normativas dadas a partir das formulações do economista Nobel Amartya Sen, que apontavam para possíveis indiferenciações entre as práticas da esquerda e da direita no espetro político internacional. Naquela época, a ênfase da hipótese estava na indistinção entre as práticas implicadas nas normatividades construídas pela abordagem das capacidades de Sen que era, por sua vez, o lugar de chegada do texto. A estrutura do argumento permanece a mesma, mas agora, com a publicação da pesquisa em forma de livro, gostaríamos de chamar atenção do leitor para o centro desta convergência: a estratégia de desenvolvimento subentendida nesta abordagem que mobiliza a todos moralmente pelo combate à pobreza (nações, empresas, governos, organizações internacionais, organizações civis nacionais, regionais e locais, e pessoas em geral).[1]

O que se pretende com este trabalho é compreender os deslocamentos observados no discurso das reformas neoliberais que ao longo dos anos 1990 criaram as condições políticas desta convergência política. No limite, o que se procura compreender ainda hoje, é a desconexão entre desenvolvimento e pobreza observada nas formulações sobre o desenvolvimento. Ao final daquela década, as questões estruturais que animaram os debates e as primeiras prescrições das organizações internacionais para o desenvolvimento nos anos 1960 e 1970 tinham dado lugar ao diagnóstico de que o problema da situação de pobreza estava em privações individuais e não nas raízes estruturais das formações sociais. O objetivo deste texto é discutir, da perspectiva da agenda internacional para o desenvolvimento, portanto, os efeitos destes deslocamentos na montagem de um consenso moral que enfatiza a condição de pobreza individual como o alvo das intervenções, inaugurando a partir de então uma orientação global para a ação dos Estados no novo milênio.

A tese sustentada aqui é de que foi a percepção do Banco Mundial de que deveria levar em conta os grupos de influência,

---

[1] Cf. Bruno Lautier, Sous la morale, la politique: la Banque Mondiale et la lutte contre la pauvretté. *Politique Africaine*, n. 82, Paris, juin, 2001.

as opiniões, os interesses presentes na sociedade para garantir estabilidade política aos cortes fiscais nas reformas nos anos 1990 que convergiu com o novo entendimento elaborado no âmbito do PNUD/ONU sobre o desenvolvimento. Defende-se que a abordagem das capacidades de Amartya Sen forneceu o suporte institucional desta convergência, cujo elemento determinante foi a mudança de nível das intervenções prescritas pelas organizações internacionais em seus programas de desenvolvimento. Tanto na redefinição pela qual passou a agenda do ajuste estritamente fiscal do Banco Mundial como no entendimento do PNUD/ONU do desenvolvimento como um ambiente de oportunidades, observa-se o deslocamento da intervenção do nível das nações para a vida das populações. É importante enfatizar que não se quer avaliar possíveis distâncias entre a abordagem das capacidades e as práticas de programas ou políticas que tenham se inspirado nela, mas chamar a atenção para o discurso consensual que se sustenta aí e discutir seus efeitos para o entendimento do desenvolvimento.

Em geral, a introdução de um texto acadêmico é o lugar para contextualizar o leitor sobre o que foi pesquisado e apresentar sua originalidade, justificando a importância de sua publicação. Como temos aqui um texto defendido há quase dez anos, é possível elaborar um exercício de contextualização para além da formulação do objeto da pesquisa, olhando principalmente para o lugar a partir do qual nasceram as indagações desta reflexão. A intenção é que o leitor atento possa, assim, compreender a problematização trazida por uma pesquisa que focaliza transformações ocorridas nos anos 1990, momento em que o discurso da austeridade se hegemoniza assumindo as modulações apresentadas neste texto. E como será possível perceber com a leitura que segue, os anos 1990 apresentam uma singularidade cuja compreensão é central no entendimento da nossa atualidade ao final da segunda década do século XXI. Esta introdução além da apresentação do argumento desenvolvido no texto, procura localizar o leitor no quadro de questões que tem motivado um grupo de pesquisadores a indagar sobre as respostas políticas dadas aos problemas sociais contemporâneos.[2] É importante, contudo, enfatizar que compartilho com estes amigos-pesquisadores os possíveis méritos das reflexões aqui apresentadas, mas as ideias desenvolvidas são exclusivamente de responsabilidade desta autora.

As indagações de pesquisa que sustentaram as reflexões deste livro podem ser localizadas no problema da relação entre o empresariamento do social contemporâneo e o engajamento popular neste processo. Pesquisas desenvolvidas como dissertações de mestrado e projetos de tese no início dos anos 2000 já flagravam uma mudança de perspectiva da política no contexto doméstico.[3]

---

2   Márcia Pereira Cunha, Nilton Ota, José César de Magalhães Jr, Daniel Andrade, Joana Barros, Cibele Rizek, Fabio Sanchez, Isabel Georges, Silvia Viana, Anderson Gonçalves, Gilberto Tedéia, Geórgia Sarris, Ludmila Costek Abílio, Rafael Godoi, Daniel Veloso Hirata, Carlos Feire – parte dos quais compõem as duas redes de pesquisadores que estou envolvida e que se entrecruzam em algumas iniciativas: Rede Interdisciplinar de pesquisadores Neoliberalismo e subjetivação política <redepesq.hypotheses.org> e Rede SAGEMM: atividades sociais, gênero, mercados e mobilidades de baixo (América Latina) <https://sagemm.ird.fr>.

3   Tatiana de Amorim Maranhão, *O administrável mundo novo: a emergência de uma nova gramática sob o signo da responsabilidade social empresarial*, Projeto de Doutorado aprovado na FFLCH-USP, 2004. José César de Magalhães Jr., *O Mercado da Dádiva: formas biopolíticas de um controle das populações periféricas urbanas*, Dissertação (Mestrado), FFLCH-USP, 2006. Marcia Pereira Cunha, *Os andaimes do novo voluntariado*. São Paulo: Cortez, 2010 (defesa em 2005 na FFLCH-USP), Ludmila Costek Abílio, *Dos traços da desigualdade ao desenho da gestão: trajetórias de vida e programas sociais na periferia de São Paulo*, Dissertação (Mestrado), FFLCH-USP, 2005. Nilton Ota, *A forma generalizada: a política dos direitos de crianças e adolescentes*, Dissertação (Mestrado), FFLCH-USP, 2005. Eliane Alves da Silva, *Nas tramas da 'cidade ilegal': atores e conflitos em ocupações de terra urbana*. Dissertação (Mestrado), FFLCH-USP, 2006. Para um apanhado de algumas destas pesquisas ver Cibele Rizek; Isabel Georges; Robert Caba-

Estas pesquisas apesar de se inserirem no âmbito dos estudos das novidades democratizantes da abertura política dos anos 1980, intuíam haver ainda um outro deslocamento a ser interpretado – não necessariamente posterior às inovações políticas dos anos 1980-1990, talvez inclusive concomitante a elas.

Espaços institucionais cujo intuito era democratizar as políticas públicas sociais transformados em espaços de experimentação gestionária. Programas públicos cujo objetivo seria enfrentar a desigualdade histórica das populações periféricas das grandes cidades no acesso ao trabalho configurando-se em práticas de excelência na utilização do mínimo de recursos com apoio de esforços comunitários. Entidades sociais nas periferias das grandes cidades tornando-se veículos de estímulo à competição generalizada pelo acesso aos escassos recursos públicos. Escassez que ao passo que era vinculada de um lado ao pagamento exorbitante de juros da dívida pública e de outro, às limitações da Lei de Responsabilidade Fiscal, era dada como inevitável aos olhos de grupos de esquerda que mobilizavam, ao mesmo tempo, suas energias na produção de material didático para capacitar as populações empobrecidas na instrumentalização dos novos espaços institucionais criados no bojo da redemocratização do país: conselhos e conferências de políticas públicas, conselhos de fundos orçamentários, agência reguladoras. Novas e velhas questões apareciam reconfiguradas nos campos empíricos de jovens pesquisadores com sede de compreensão e engajamento nas transformações que se misturavam com sua própria maturidade política e intelectual.[4]

---

nes; Vera da Silva Telles. *Saídas de emergência: ganhar/perder a vida na periferia de São Paulo*. São Paulo: Boitempo, 2011.

4   Para um bom comentário a este respeito ver Cibele Saliba Rizek, Maria Célia Paoli. Apresentação: Depois do Desmanche, Oliveira, F.; Rizek, C. (org.) *A era da indeterminação*. São Paulo: Boitempo, 2007.

A pesquisa em um conselho de política social em São Paulo (2000-2002), na administração de Marta Suplicy (PT), permitiu a visada de uma mudança em curso no terreno das lutas populares.[5] Diante da falta de recursos orçamentários, reiteradamente contingenciados pela mesma prefeitura que defendia estes espaços como arenas de gestão compartilhada e democrática das políticas sociais, os conselheiros municipais da infância assumem a prática da captação de recursos de empresas via renúncia fiscal (portanto, originários de impostos), com a indicação do destino dos recursos pelos próprios "doadores", como estratégia de financiamento dos programas sociais selecionados pelo conselho como centrais para o cumprimento da política pública da infância na cidade.[6] Esta prática, chamada criticamente pelos militantes de "parceria casada", deixava ao critério de grupos privados a definição do que seria financiado com recursos públicos e deslegitimava a arena decisória do conselho com o apoio dos próprios conselheiros.

O acompanhamento quase que diário da luta das entidades sociais no conselho e da mudança de posição dos conselheiros que as representavam em relação à "parceira casada" chamou atenção da pesquisadora. Este não era o registro do caso isolado de uma disputa por recursos públicos que, desativada com o auxílio da prefeitura e dos conselheiros (representantes do governo e da "sociedade civil"), contribuía para enfraquecer a arena política de definição da redistribuição da riqueza, o que em si, já teria re-

---

5 Tatiana de Amorim Maranhão, *O enigma da esfinge – Indefinição entre o público e o privado: A relação dos conselheiros municipais de direitos (2000-2002) com o Fundo Municipal dos Direitos da Criança e do Adolescente de São Paulo*. Dissertação (Mestrado), PUC-SP, 2003.

6 Cf. Tatiana de Amorim Maranhão, *Fundo Municipal dos Direitos da Criança e do Adolescente de São Paulo*. São Paulo/Instituto Polis, 2003. Disponível em: http://www.polis.org.br/uploads/862/862.pdf

levância sociológica. O que outras pesquisas, com objetos empíricos bem diferentes, começavam a enxergar era o atravessamento da arena política por uma racionalidade de outra extração.[7]

O projeto de pesquisa[8] que estava na origem da tese que vem agora a público com este livro procurava construir um percurso de investigação para compreender o que acontecia no terreno da política com o atravessamento de uma racionalidade[9] que parecia desfazer os termos polêmicos da questão social e enquadrá-los na lógica das trocas mercantis. Inicialmente, o objeto da investigação eram as práticas de responsabilidade social empresarial pois, seguindo um dos achados da pesquisa referida acima sobre os conselheiros municipais da infância que observara a atuação da Fundação Telefonica na construção da inevitabilidade das "parcerias casadas" como meio de financiamento dos programas sociais, imaginava-se que elas constituíam um dos eixos centrais desta nova experiência. Novamente aqui, participávamos de um debate com um conjunto de pesquisas que se debruçavam sobre a atuação destas fundações[10] no campo do social. Contudo, naquele

---

7   Daniel P. Andrade, Nilton Ota. Uma alternativa ao neoliberalismo: Entrevista com Pierre Dardot e Christian Laval. *Tempo Social*, vol. 27 (1), 2015/16. Marcia Pereira Cunha, *Do planejamento à ação focalizada: IPEA e a construção de uma abordagem de tipo econômico da pobreza*. Tese (Doutorado), FFLCH-USP, 2012. José César de Magalhães, Normalização social e o neoliberalismo. Tese (Doutorado), FFLCH-USP, 2011. Nilton Ota, *O poder como linguagem e vida: formalismo normativo e irrealidade social*, Tese (Doutorado), FFLCH-USP, 2010; Regina Magalhães de Souza, *O discurso do protagonismo juvenil*. São Paulo: Paulus, 2008.

8   *Op. Cit.* Versão atualizada publicada em "O sentido político das práticas de responsabilidade social empresarial no Brasil" em Cibele Rizek; Isabel Georges; Robert Cabanes; Vera da Silva Telles. *Op. Cit*, 2011.

9   Ver Maria Célia Paoli, O mundo do indistinto: sobre gestão, violência e política. Oliveira, F.; Rizek, C. (org.) *A era da indeterminação*. São Paulo: Boitempo, 2007.

10  Ver Marcia Pereira Cunha, *Os andaimes do voluntariado*, *Op. Cit.*

momento, os vínculos entre as novidades gestionárias no social e a atuação empresarial nesta esfera ainda eram formulados de modo bastante esquemático.

Iniciada a pesquisa de campo exploratória, a primeira etapa consistiu da participação em alguns encontros e congressos (tanto acadêmicos como profissionais) nos quais se compartilhavam experiências exitosas de responsabilidade social. Em meio a este compartilhamento, era possível observar a produção de um novo entendimento sobre o social mais complexo que relações de causa e efeito entre as práticas de responsabilidade social e novas formas gestionárias. Chamava atenção a presença de novos elementos constitutivos de um "engajamento cidadão dos empresários"[11] que apareciam acompanhados da ideia do homem como forma de capital e, portanto, passível de investimentos (teoria do capital humano) e da ideia do agente possuidor de capacidades.[12]

---

11 Maria Celia Paoli, Empresas e responsabilidade social empresarial: os enredamentos da cidadania no Brasil. Boaventura de Souza Santos (org.). *Democratizar a democracia: os caminhos da democracia participativa*. Rio de Janeiro: Civilização Brasileira, 2002.

12 O trabalho de Osvaldo Lopez-Ruiz, que aquela época acabara de ser defendido como tese no programa de pós-graduação em sociologia da Unicamp (2004), foi inspirador ao discutir a retomada da teoria do capital humano pelos manuais de administração nos anos 1990 ampliando sua capacidade explicativa para outras esferas do mundo social. A orientação analítica de Lopez-Ruiz nesta pesquisa é Weber, mas o ano era o mesmo da publicação dos cursos ministrados por Michel Foucault no Collège de France (1978-1979) sobre o neoliberalismo: *Sécurité, territoire, population*. Hutes Études/Gallimard Seuil, 2004 e *Naissance de la biopolitique*, Hutes Études/Gallimard Seuil, 2004; o que permitiu a leitura cruzada e debatida com o próprio autor (em seminário conduzido no departamento de Filosofia da USP) das duas referências e a produção de novas compreensões sobre como interpretar as novidades assistidas no social brasileiro – ver a apresentação de Laymert Garcia dos Santos ao livro de Lopez-Ruiz, *Os executivos das transnacionais e o espírito do capitalismo: capital humano e empreendedorismo como valores sociais*. Rio de Janeiro: Azougue editorial, 2007 e a extensa introdução elaborada pelo autor para a publicação da pes-

Informados também pela experiência profissional no nascente mundo das ongs, começávamos a compreender que se tratava de um transbordamento de práticas empresariais para o mundo do social que redefiniam os termos por meio dos quais se concebia a realidade.[13] Neste momento, juntamente com as incursões em campo, a leitura de estudos dedicados à representação dos interesses empresariais – mobilizada para a compreensão de uma mudança de perspectiva do empresariado nacional em relação a temas como democracia, desigualdade e pobreza – trouxe referências importantes para enquadrar a questão de pesquisa em um plano de referência internacional. O escopo da investigação passou a contar com textos que retomavam o debate sobre desenvolvimento nos anos 1990, suas controvérsias sobre o papel do Estado e o lugar de organizações internacionais como o Banco Mundial.

Portanto, em algum momento das leituras, entrevistas, pesquisas em relatórios e documentos primários, compreendeu-se que as transformações observadas no social brasileiro diziam respeito a uma convergência política mais ampla, para além das práticas dos empresários nacionais que se engajaram junto aos setores progressistas na luta pela ética na política[14] e contra a fome e a miséria[15] no início dos anos 1990. A primeira redefinição da pesquisa nos levou a Brasília e a indagações sobre as metas globais para o desenvolvimento (os chamados Objetivos de Desenvolvimento do Milênio). Ainda próxima dos programas de respon-

---

quisa em forma de livro.

13 Mais tarde, esta questão seria trabalhada por Pierre Dardot e Christian Laval em Néoliberalism e subjectivation capitaliste, *Cités 41*, Paris: PUF, 2010.

14 Referência à participação no Movimento pela Ética na Política que organizou a campanha em 1992 pelo *impeachment* de Fernando Collor.

15 Referência ao engajamento na Campanha da Fome (Ação da cidadania contra a fome, a miséria e pela vida) que foi organizada nos anos 1993 e 1994 como um desdobramento do movimento pelo impeachment de Collor.

sabilidade social das empresas, a análise da "parceira" em torno das metas explicava uma articulação entre atores politicamente bastante heterogêneos – como grandes empresários nacionais e multinacionais e associações comunitárias locais – que vinhamos observando em outros estudos já citados nesta introdução.

O foco de interesse se moveu para a compreensão dos nexos teóricos e institucionais que conferiam plausibilidade a esta articulação outrora inusitada. A pesquisa nos levou às formulações extremas da pobreza que figuravam no centro do problema global do desenvolvimento que, por sua vez, articulava de modo consensual a heterogeneidade social dos atores políticos: empresários, movimentos sociais com toda a miríade de novas clivagens que surgiam, governos de esquerda e de direita, industriais e banqueiros, e por aí vai.

Como é sabido, o exercício da escrita responde à uma lógica diferente da prática de pesquisa. Não é possível, nem seria do interesse do leitor deste livro, imagino, remontar o percurso tortuoso que nos levou à redação sobre a convergência política entre o Banco Mundial e o Programa de Desenvolvimento das Nações Unidas. Escolhas conscientes, acasos oportunos, insistências implicantes. A tarefa do pesquisador envolve um cotidiano que muitas vezes, do ponto de vista pragmático, é incompreensível a ele mesmo, pois indubitavelmente implica no imponderável.

A intenção em apresentar nesta introdução o caminho de algumas indagações da autora foi sustentar a importância de refletirmos sobre a atualidade dos anos 1990 na construção de convergências que exigem problematizações, como é o caso apresentado aqui. Como será visto, trata-se de compreender dois elementos principais das modulações sofridas na agenda de reformas nesta década e seu papel na redefinição dos problemas do desenvolvimento: o novo papel atribuído ao Estado, agora "parceiro" das "iniciativas de desenvolvimento", e o papel assumido pelo social, cuja gestão eficiente funciona estrategicamente como mecanismo de engajamento dos sujeitos na condução das reformas.

O argumento está divido em quatro capítulos. No primeiro, "As reformas neoliberais e o Banco Mundial", são apresentadas as referências teóricas e práticas que sustentaram as prescrições das reformas econômicas do Consenso de Washington; ponto a partir do qual as modulações em questão são compreendidas. Discute-se os antecedentes que conformaram a agenda política das reformas neoliberais a partir de três planos de análise do neoliberalismo: o plano da doutrina, o plano do movimento e o plano das políticas implementadas sob essa orientação, conforme Cruz (2008) e Moraes (2001) discutem. Por fim, se analisa os desdobramentos da formulação do Banco Mundial para as políticas de desenvolvimento nas décadas de 1960 e 1970 e se constrói a base do argumento que será explorado ao longo do texto sobre as diferentes codificações dadas ao problema social.

No segundo, "A melhor forma de governar as reformas do ajuste estrutural", são discutidas as modulações da agenda das reformas do ajuste estrutural na direção do nascimento da doutrina da boa governança. O argumento desenvolvido é que estas modulações ocorreram em meio a um campo de controvérsias em torno da melhor condução dessas reformas. Esse campo se armou em torno das variações analíticas e práticas do tema da governabilidade que, de um modo geral, consiste em governar o foco de instabilidade social e política. Tais controvérsias levaram à construção de um novo consenso político de estabilização do capitalismo cuja forma é dada pela garantia de oportunidades para que todos participem dos benefícios da globalização.

O terceiro, "A dimensão humana como garantia de oportunidades", discute detidamente os elementos da convergência política entre as formulações do desenvolvimento do Banco Mundial e das Nações Unidas em torno de uma noção de desenvolvimento que incorpora as dimensões humanas, sociais e culturais em suas prescrições. Aborda, também, a abordagem das capacidades elaborada por Amartya Sen que é o cerne dessa convergência, quando alcança expressão política nos Relatório do Desenvolvimento Humano publicados anualmente pelo PNUD, desde 1990. A intenção é mostrar como controvérsias internas ao neoliberalismo alcançam expressão internacional, e no interior de cada sociedade, por meio dessa convergência.

Por fim, no quarto capítulo, "A redução da pobreza como estratégia de liberalização", a última modulação da agenda do ajuste estrutural discutida nesse livro é abordada. Esse capítulo descreve as operações que permitiram o deslocamento do social para o centro das reformas econômicas. Discute a consolidação política da estratégia de desenvolvimento definida por metas quantificáveis na convergência entre o novo paradigma de desenvolvimento apresentado por Joseph Stiglitz, o enquadramento do desenvolvimento presente nos Relatórios de Desenvolvimento Humano do PNUD e o posterior lançamento dos Objetivos de Desenvolvimento do Milênio (ODM) pelas Nações Unidas. Argumenta-se aqui que a criação destas metas serve ao propósito do estabelecimento de níveis de tolerância para a pobreza. Essas metas são parte de uma estratégia de gestão dos níveis de pobreza cuja orientação é o controle a eventuais irrupções sociais a partir das articulações participativas que as tornam possíveis. A esfera das finanças não é objeto da formulação das políticas, ela é, ao contrário, blindada ao passo que instrumentos de gestão da pobreza são construídos para a estabilização de eventuais conflitos sociais potencializados pelas políticas de liberalização econômica. Nas considerações finais, procura-se apresentar um comentário analítico das principais questões que articulam o argumento desenvolvido nesse livro.

\*\*\*

Este trabalho é resultado de um percurso de investigação marcado pela defesa da tese de doutorado. Porém, tanto a trajetória de questões que o explicam, como procurei demonstrar anteriormente, como o contexto pessoal em que ele se insere são mais amplos que a tarefa da redação do texto e defesa pública. Procurei traçar um breve panorama do arco de problemas envolvidos neste percurso, citando alguns amigos-intelectuais-pesquisadores com os quais compartilho desde a muito tempo este ofício que é a pesquisa. Mas é importante mencionar e agradecê-los aqui também, bem como a outras pessoas fundamentais neste processo. Novamente, dado o espaço de tempo e a diferença entre a tese e a publicação do livro, não será possível resgatar a emoção contida na finalização do texto de tese e comentar os lugares de importância à época das pessoas envolvidas.

Maria Célia Paoli foi a pessoa responsável pela orientação da pesquisa e por acolher as primeiras inquietações da jovem cientista social que finalizava seu mestrado na PUC-SP, ainda em 2001, quando assisti a uma disciplina sua, na USP, em que trabalhávamos o pensamento de Hannah Arendt. Daí em diante, o quadro de questões a que me dediquei e me dedico até hoje, foram profundamente marcados pelo olhar de Maria Célia para os problemas do mundo tal como Arendt os pensou. Devo muito a Maria Célia, por suas aulas, conversas infindáveis, ensinamentos, um modo de olhar a realidade. A liberdade por meio da qual ela orientou esta pesquisa, garantiu um verdadeiro exercício de pensamento.

Paulo Arantes é outro destes mestres que ocupa lugar fundamental no percurso aqui apresentado. Redigir um agradecimento a ele não é tarefa fácil, dada a expectativa que sua figura envolve sobretudo para aqueles que, como eu, convivem tão próximo. Nos seminários, nas tarefas políticas, nas pizzas, festas e papos noturnos, sempre um comentário astuto, curioso, às vezes irônico, mas sobretudo levando muito a sério meus palpites de pesquisadora. Reuniões no carnaval, quase no Natal, com meu bebê dormindo no quarto da vovó, não há palavras para agradecer a seriedade com que Paulo sempre debateu as nossas questões. Sempre, é claro, dando seu acento magistral.

Ao professor Chico de Oliveira, devo agradecer pela formulação das questões mais inquietantes sobre a política atual que pudemos ler nos últimos anos. Um mestre na análise da política, a quem tive o prazer de ouvir comentar meu texto na banca de defesa. A ele devo grande parte da inquietação sobre as transformações atuais na crítica social. À Cibele Rizek devo agradecer pela finalização da tese e publicação deste livro. Devo a ela a possibilidade da circulação das ideias escritas aqui, algo muito caro à nossa querida Maria Célia Paoli, a quem Cibele faz jus à tradição. A leitura atenta desde o texto de qualificação e de todos os textos e projetos escritos em seguida, com sua brilhante orientação inquietante de mulher poderosa, intelectual, pesquisadora, garante um lugar e uma escuta em tempos tão difíceis. Não tenho palavras para agradece-la pela importância adquirida na minha vida pessoal e profissional.

Os três, Paulo, Chico e Cibele, participaram da banca de defesa do texto, contribuíram com o debate daquele dia e com os desdobramentos que se seguiram. Vocês são parte essencial na trajetória de pensamento da qual este livro é parte. Ary Minella foi o outro professor que compôs a banca de defesa. A ele agradeço também pelo diálogo com um outro campo de discussão que demonstrou a pertinência das questões tratadas neste texto.

Além destes grandes mestres, a quem nutro profunda admiração, é preciso citar e agradecer os amigos com quem compartilho dos caminhos tortuosos de fazer pesquisa nos tempos que correm. Este agradecimento está muito extenso e cada um deles sabe o lugar que ocupa na trajetória deste livro. Muito obrigada: Nilton Ota, Márcia Cunha, Daniel Andrade. Anderson Gonçalves, Gilberto Tedeia, Silvia Viana, Lucas Jannoni, Silvio Rosa, Georgia Sarris, Ludmila Abílio, Fernando Vidal. Leonardo Massaro e Mariana Tibes, um agradecimento maior pela força com as traduções. Daniel Veloso Hirata, Rafael Godoi, Eliane Alves, Marcelo Berg. Joana Barros, Fabio Candotti, Diego Azzi, Edson Miagusko, Guilherme Nafalski, Mariana Rubião e a todos os pesquisadores do grupo de orientandos de Maria Célia naqueles anos; Gustavo Assano, Danilo Nakamura. Daniele Maciel, Taiguara Oliveira. Hivy Damásio Araujo Mello. Juliana Lordello Sicoli.

Ao Marcelo Berg, um outro agradecimento. A imagem da capa é parte do seu trabalho como artista plástico. Estive presente na época de sua elaboração, próxima de um coletivo de artistas e sociólogos que fortaleceram boas interpretações sobre a realidade. Considero esta imagem uma delas. Assim como à epígrafe, escolhida a dedo, deixo ao leitor atento outro diálogo provocativo com o "consenso das oportunidades".

Um agradecimento especial à Rede SAGEMM nas pessoas de Isabel Georges e Cibele Rizek que não apenas estão possibilitando a publicação deste livro, como têm criado as condições institucionais e materiais para viabilizar a continuação destas reflexões. À Alameda Editorial que aceitou o desafio proposto pelo Laboratório em publicar uma coleção que acolha o material elaborado no âmbito desta rede de pesquisadores. Joana Monteleone, Bruna Marques, Haroldo Ceravolo Sereza e Danielly de Jesus Teles, obrigada pelo envolvimento e pelo trabalho editorial. Preciso também agradecer ao Conselho Nacional de Desenvolvimento Científico e Tecnológico (CNPq) pela bolsa de estudos que garantiu a elaboração da tese de doutorado que deu origem a este livro.

À Facamp também devo um agradecimento especial. Mais do que um importante local de trabalho, onde sou professora desde o final do doutorado, um ambiente que se mantém como espaço arejado para reflexões e exercícios pedagógicos importantes. Às mulheres incríveis que lá conheci: Adriana Quartarolla, Beatriz Bertasso, Claudia Satie Hamasaki, Daniela Gorayeb, novamente, Georgia Sarris, Juliana Cajueiro, Juliana Filetti, María Piñon, Marília Bassetti, Maria Fernanda Cardoso de Melo, Sofia Laznik, Tânia Gandolfo, Olívia Maria Bullio Mattos. Um grupo que demonstra a cada momento a força e a união das mulheres, lado a lado. Não posso deixar de mencionar aqui o professor João Manuel Cardoso de Melo com quem compartilho as desventuras do desenvolvimento brasileiro. Licio Raimundo hoje meu colega, mas que como meu coordenador garantiu um importante espaço de reflexão e docência em que pude avançar com algumas hipóteses formuladas a partir deste texto. Agradeço a ele também pela conversa sobre o primeiro capítulo, apontando pequenos concertos. Éder Luiz Martins, colega de docência, figura fundamental na empreitada de graduar nossos alunos.

Por fim, e não menos importante, minha querida família de sangue, coração e alma. A confiança, o apoio e o aprendizado da convivência com estas pessoas foram importantes para a escrita deste texto. Maria Lúcia Gomes de Amorim, mãe, psicanalista e agora vovó, nos ensinou a importância de laços de afeto como eixos do nosso caráter. Foi ela quem permitiu a mim e a minha irmã, Cristina Maranhão, a formação que tivemos e os laços com nossa grande família escolhida: Zilea Reznik, Mario Rodrigues, Fernanda Reznik, Lilian Rose Ulup (*in memorium*), Eduardo Ulup, Nina Ulup, Raul Ulup, Roberta Dardeau. Nossos pequenos, João e André. Cris, obrigada pela confiança, pela cumplicidade, pela parceria, pela amizade e pela irmandade. Obrigada, mana!

Meu pai, Aluizio Maranhão, também é um pilar importante e deve aparecer aqui. Amigas-irmãs, agradeço a vocês também o apoio e a certeza incondicional: Beatriz Mungnaini, Camila Caffaro, Ana Carolina Ekesian Costa, Fernanda Gusso, Heloísa Cintra, Juliana Tinti, Laura Huzak Andreato, Letícia Doretto, Maíra Bittencourt, Mariana Soneghetti.

José César de Magalhaes Jr, desde a minha primeira pesquisa de maior folego, você apostou na pertinência das questões que eu formulava. Foi fundamental para a compreensão sobre o que estava ali na frente, mas que o turbilhão me impedia de enxergar. Aprendemos juntos a iluminar áreas sombrias da realidade. Zé, juntos educaremos Benjamim para um outro mundo. Aprendemos juntos que o presente pode contar a nosso favor. Espero que este aprendizado nos ajude a enfrentar o que virá. Este livro é para vocês.

*A nosso Benjamim que tem nos ensinado o tamanho da vida.*

# As reformas neoliberais e o Banco Mundial

Disciplina fiscal, contenção de gastos públicos (sobretudo sociais), abertura comercial e não-protecionismo, privatização e desregulamentação dos mercados – foi em torno destas recomendações que o conjunto de reformas liberalizantes implementadas na América Latina e na África subsaariana entre os anos 1980 e os anos 1990 foi elaborado. A queda do Muro de Berlim e o colapso da URSS levaram também os países socialistas a adotar aquele conjunto de prescrições como promessa de entrarem para o rol das economias de mercado. Na América Latina e no leste europeu, privatizações, desregulamentações e a liberalização do comércio avançaram muito rapidamente e em proporções jamais vistas, enquanto nos países africanos o processo foi mais lento, ainda que uma nova agenda política orientada por aquelas recomendações também tenha sido adotada (Rodrik, 2006). Esta agenda política se notabilizou na imposição de condições para os empréstimos oferecidos pelo Fundo Monetário Internacional e pelo Banco Mundial à reestruturação das economias em crise a partir da década de 1980.

Essas reformas econômicas que ficaram conhecidas mundialmente como a agenda do ajuste estrutural, no entanto, não poderiam ser tratadas como um movimento homogêneo, ordenado e sincrônico, pois há diferenças de tempos e intensidades entre as experiências mundiais (Cruz, 2007). No Chile e na Argentina, a despeito das visões mais correntes de que estas reformas fossem uma resposta às diferentes formas de crise decorrentes do endividamento nacional, medidas de liberalização econômica já eram adotadas antes da eclosão da crise da dívida externa no continente latino-americano (em 1982, com a moratória declarada no México). Na Índia, as reformas são muito limitadas e tardias em relação ao resto do mundo. Mesmo na Coreia do Sul e em Taiwan, há um intenso debate sobre a natureza das reformas realizadas: se são ou não reformas neoliberais. Além dessas diferenças, a abertura da agenda de reformas em termos da variedade de conteúdos que são mobilizados sob o discurso do ajuste estrutural – fato também discutido por Perry Anderson (1996) – e a diferença dos regimes políticos sob os quais essa agenda foi implementada (ditaduras ou regimes híbridos, recém saídos de períodos autoritários) sustentaram pesquisa na qual Cruz (2007) aborda, por meio da análise comparada, as reformas econômicas nos países da periferia. Propõe uma abordagem histórica desse processo que combina a análise nos dois planos, nacional e internacional, e o insere no processo global de reestruturação da economia operado desde os anos 1970 (Harvey, 2008; Tavares e Fiori, 1996). Sua perspectiva é que para entender a "reviravolta" das décadas neoliberais nos países da periferia é preciso apreender as reformas que aí tiveram lugar de maneira atenta aos processos políticos e econômicos externos e internos de cada país – chama atenção para a influência dos atores políticos envolvidos – que influenciam sua implementação e seus desdobramentos.

Trabalhos de fins da década de 2000, argumentavam que a expansão do ideário neoliberal não resultou da imposição das políticas das organizações multilaterais, mas que sua difusão estaria relacionada às práticas de atores sociais que, articulados em redes que extrapolam as fronteiras setoriais e territoriais, transferem tendências comuns por entre os diferentes conteúdos de reformas (Minella, 2009; Cruz, 2007). Estas pesquisas sugerem que a forma e o ritmo da implementação das políticas neoliberais levam em conta as especificidades de cada país, mas que estão inseridas no amplo contexto de reestruturação da economia mundial impulsionada por alguns acontecimentos do final dos anos 1970: os choques do petróleo, o fim da conversibilidade do dólar em ouro, o aumento dos juros norte-americanos, a transnacionalização crescente da grande empresa e o agigantamento dos fluxos de capital internacional. Cruz (2007) analisa as reformas econômicas neoliberalizantes que ocorreram em diferentes países buscando compreender as implicações dos processos políticos e econômicos externos em cada caso, esboçando um quadro de referência que permita ao analista cruzar os processos internacionais e domésticos implicados aí. Minella (2009) mostra como o consenso mundial em torno dessas reformas foi alcançado tendo como parâmetro as experiências desenvolvidas nacionalmente que, mais do que as organizações multilaterais, foram responsáveis pela difusão deste ideário por meio da influência no desenho e na implementação das políticas públicas.

A despeito do argumento mais geral que compreende a adoção destas reformas no contexto da reestruturação da economia mundial como uma resposta à crise do regime de acumulação fordista-keynesiano, não há como não levar em conta a capacidade das organizações multilaterais de generalização de um novo discurso e de uma nova prática. Esta capacidade está relacionada à capilaridade nacional e regional destas organizações e ao crescente papel que elas têm alcançado no contexto da crise das regulações nacionais.

À despeito das interpretações que privilegiam os níveis local e nacional de análise, esse livro tem como pressuposto a importância das organizações multilaterais na produção e generalização de discursos e práticas que, graças ao seu poder de estimulação e financiamento, se difundem para os níveis nacionais e locais. O que se pretende nesse trabalho é compreender, em outro nível analítico, desdobramentos no discurso sobre as reformas neoliberais que, nos últimos anos, têm apontado para modulações na agenda do Banco Mundial. O argumento é que estas modulações são o centro de uma convergência[1] que aproxima as formulações do Banco Mundial sobre as políticas de desenvolvimento que culminaram no receituário do ajuste estrutural e as críticas aos efeitos deste mesmo ajuste sobre o agravamento da pobreza e da desigualdade social. Mais do que o fortalecimento do discurso social do Banco Mundial por meio de uma cooptação discursiva (Arantes, 2004), a hipótese defendida neste livro é que se formou um consenso entre práticas de esquerda e de direita no espectro político internacional no centro do qual novas referências normativas alteraram as intervenções em nome do desenvolvimento.

## Os antecedentes da agenda política das reformas do ajuste estrutural

Reformas liberalizantes foram implementadas em primeiro lugar, no mundo anglo-saxão (Reino Unido, Estados Unidos,

---

[1] Convergência que não é novidade para o Banco Mundial, como mostra Pedro Arantes (2004, p. 45-47) ao comentar o programa habitacional elaborado nos anos 1960, pela instituição, que apresentava pontos de contato com bandeiras tradicionais da esquerda, produzindo a convergência entre grupos historicamente opostos.

Nova Zelândia e Austrália), entre o final dos anos 1970 e início dos 1980, sob as bandeiras de partidos de direita e de esquerda, como respostas à crise do modelo fordista-keynesiano[2] que se consolidara como padrão de regulação social no mundo ocidental desde o fim da 2a Guerra Mundial. Apesar da diversidade nos ritmos de implementação ou mesmo nos desenhos destas políticas, é possível descrever um núcleo comum de formulações que sustentaram tais reformas, o chamado ideário neoliberal, cuja análise pode ser dividida em três planos (Cruz, 2007; Moraes, 2001).

O plano da doutrina, ou dos campos produtores de ideias, reformulava em um contexto contemporâneo os velhos axiomas do liberalismo econômico: a escola austríaca de Ludwig von Mises e Friedrich Hayek, a escola de Chicago de Milton Friedman e dos teóricos do capital humano, Theodor W. Schultz e Gary Becker, e a escola de Virgínia de James Buchanan e Gordon Tullock (Fonseca, 2005; Moraes, 2001; Paula, 2005). Estas três escolas adquiriram expressão política nos anos 1970 e 1980 por sua influência entre os governos e organismos internacionais na promoção dos programas de ajuste estrutural. Como correntes de pensamento, tratava-se de elaborações teóricas que ocorriam no diálogo crítico

---

2  As ideias keynesianas se associariam à organização sistemática da produção idealizada por Henry Ford e se consolidariam como regime de acumulação no pós-guerra. O keynesianismo surge como resposta à crise de acumulação de 1929 que, por sua abrangência, tornou-se uma crise política e social e colocou em xeque a hegemonia do *laissez-faire* vigente até então. As esferas de atuação do capital privado foram reduzidas e os governos, cada um com suas particularidades, passaram a elaborar políticas de intervenção estatal na economia. O fordismo se consolida como o novo regime de acumulação, fixando o preço (salário-mínimo) e o tempo do trabalho. O Estado keynesiano controlava o processo econômico, garantindo a estabilidade de mercado e o controle dos trabalhadores e se fundava no tripé: equilíbrio de poder, capital corporativista e Estado-nacional (Harvey, 1999).

com outras vertentes políticas e ideológicas (o conservadorismo clássico, o socialismo, a social-democracia, o keynesianismo).

Dentre as escolas do pensamento neoliberal, a primeira se consolida anteriormente à 2ª Guerra Mundial, na Áustria, e se insere nas respostas à situação econômica das primeiras décadas do século e, sobretudo, à crise de 1929. Os economistas da escola austríaca lecionaram na Universidade de Viena e tiveram como precursor von Mises, que escreveu trabalhos, durante as décadas de 1920 e 1930, discutindo que a intervenção do Estado na economia geraria necessariamente ineficiência. A crença liberal na capacidade civilizatória do mercado e no seu vínculo natural ecoavam nesses primeiros trabalhos. Dois outros economistas se destacam nessa escola e já se posicionam em diálogo direto com o intervencionismo do pós-guerra; são eles Karl Popper[3] e Hayek. Este último, o mais importante dentre eles, publicou, em 1944, o livro que é considerado o trabalho inaugural do neoliberalismo, *O Caminho da servidão* (Moraes, 2001). Discípulo de von Mises, professor da London School of Economics, em Londres, e depois professor nos EUA onde lecionou por uma década na Universidade de Chicago (1950-60), em 1947, ele organizou a reunião de formalização deste grupo de críticos,[4] a "Sociedade Mont Pèlerin", uma Conferência realizada na Suíça, cujo objetivo foi reunir os críticos neoliberais do intervencionismo estatal da era keynesiana e do Estado socialista

---

3 Popper, contemporâneo de Hayek, publicou, em 1943, *Sociedade aberta e seus inimigos* e em 1944-45, *Miséria do historicismo*.

4 Uma primeira reunião foi organizada por Walter Lippmann, na primeira metade da década de 1930. Foram lançadas as bases do que era a "boa sociedade" para estes liberais em contraposição ao padrão de intervenção keynesiano que se organizava em resposta à crise de 1929. *Good Society* foi o título de livro publicado por Lippmann em 1937 (Fonseca, 2005).

planificado.⁵ Neste momento, começava a consolidação do neoliberalismo como movimento intelectual organizado.

As formulações da segunda escola se fixam institucionalmente no departamento de Economia da Universidade de Chicago, EUA, também nas primeiras décadas do século XX. Na década de 1940, Schultz, com seus trabalhos sobre agricultura e educação – elementos iniciais da teoria do capital humano –,⁶ torna-se o nome de destaque no departamento. Milton Friedman⁷ destacou-se na década seguinte – tornou-se professor da Universidade de Chi-

---

5    As reuniões desta Sociedade são, em geral, anuais e ocorrem até os dias atuais; a reunião de 1993 ocorreu no Brasil (Fonseca, 2005, p. 66). Nesse primeiro encontro, de 1947, estavam presentes Arthur Seldon, Stanley Dennison, Alfred Sherman, Lionel Robbins, Lwiding von Mises, Karl Popper, Wilhelm Röpke, Milton Friedman, Hayek, entre outros. Ver para mais informações: www.montpelerin.org. A London School of Economics, a escola austríaca e a escola de Chicago, cujo representante importante à época era Milton Friedman, foram os centros de formulação neoliberal de destaque nessa Conferência (Paula, 2005)

6    A difusão do conceito de capital humano ocorreu nos anos 1960 por Theodor W. Schultz, Gary Becker, Jacob Minger. Esses economistas procuravam novas ferramentas analíticas para explicar a prosperidade econômica da sociedade norte-americana, uma vez que os números mostravam um crescimento maior do que o incremento da produtividade do capital e do trabalho, unidades a partir das quais a teoria econômica clássica pensava o crescimento. A hipótese de Schultz era que a explicação deveria ser buscada "na ampla e rápida acumulação de riqueza humana que tem sido excluída de nossas medidas convencionais de 'horas-homem trabalhadas' e capital tangível" (Schultz, 1959, p. 114-115 em López-Ruiz, 2007, p. 55). Esses economistas propuseram que o trabalho fosse pensado como produto de investimento e, como tal, passível de oferecer rendimentos tal como outras formas de investimento: em capital produtivo ou financeiro. O investimento em treinamento da mão-de-obra e em educação deveria ser pensado como o investimento no conjunto de "capacidades, destrezas e talentos" do homem – o capital humano. A explicação da prosperidade econômica se fará a partir da reformulação dos denominadores: não só o trabalho, como os demais fatores da produção passaram a ser pensados como formas de investimento.

7    Friedman trabalhou em órgãos do governo norte-americano entre os anos 1930 e 1940 e concluiu seu doutorado na Universidade de Columbia, em Nova York, antes de tornar-se professor na Universidade de Chicago.

cago em 1946 – por formular, junto com George Stigler, as bases da teoria monetarista que influenciaria as reformas econômicas da década de 1980. Para os monetaristas, a estabilidade é o valor central no funcionamento da economia e apenas os instrumentos monetários são capazes de garanti-la, os outros instrumentos de política econômica – políticas cambial, fiscal, comercial – são secundários para estes economistas.[8] Friedman estabelece um convênio com a Universidade Católica do Chile por meio do qual os economistas da Universidade de Chicago treinam, nos preceitos monetaristas, economistas chilenos (conhecidos, posteriormente, como os *chicago boys*) que serão responsáveis pela primeira experiência de colocar em prática reformas neoliberais durante o governo de Pinochet (1973-1989) (Anderson, 1995). Esse intercâmbio foi formalizado no chamado "Projeto Chile" que reuniu o governo dos Estados Unidos, por meio de seu programa de ajuda externa (Usaid – *United States for International Development*, na sigla em inglês); a Universidade de Chicago por meio de seu Departamento de Economia; e a Universidade Católica do Chile junto com um grupo de empresários liberais (Cardoso, 1999, p. 121). Além deste intercâmbio com o Chile, Friedman também trabalhou como professor visitante na Universidade de Cambridge, no Reino Unido.

A terceira das escolas de formulação neoliberal é a escola de Virgínia, nome dado em referência à universidade norte-americana na qual James M. Buchanan fundou, em 1957, o *Thomas*

---

8 Para os monetaristas, o instrumento de política econômica consiste no controle da moeda e de outras formas de pagamento para manter a estabilidade monetária, ideia respaldada na teoria quantitativa da moeda de Irwin Fisher: "O princípio básico desta vertente provém da teoria quantitativa da moeda [, moeda esta] que, se equilibrada em relação ao lastro material, possibilitaria a estabilidade econômica" (Fonseca, 2005, p.70).

*Jefferson Center for Studies in Political Economy*. Nesse centro, a teoria da escolha pública (*public choice*) será desenvolvida por ele junto com G. Tullock; seus fundamentos foram lançados em 1962 no livro *O cálculo do consentimento*.[9] Tratava-se de mobilizar premissas da microeconomia neoclássica para analisar a política, a história, o comportamento social e político, as estruturas legais e constitucionais. Com base na pura racionalização de meios e fins do pensamento econômico, entendia-se que o motor da ação humana é a maximização de seus interesses próprios.

A formulação neoclássica, que atribui ao mercado o lugar da melhor alocação de recursos na economia e ao Estado o papel apenas complementar às possíveis falhas do mercado e que postula que as interações do homem com seu ambiente se dão por meio do comportamento utilitarista, está presente nos pressupostos da teoria da escolha pública que foi a base das reformas anglo-saxãs. A ideia de que o burocrata público se comporta para maximizar seus interesses egoístas, aumentando salários, *status* e poder, foi a justificativa para as reformas da burocracia pública, realizadas inicialmente no Reino Unido, e a instauração de padrões da iniciativa privada na provisão dos serviços. Os processos na iniciativa privada, por serem regidos por mecanismos da livre concorrência, seriam mais transparentes e, portanto, mais eficientes. A ausência de competição e de orientação ao lucro, próprios da gestão pública, impediriam o burocrata de utilizar bem as informações disponíveis para resolução eficiente dos problemas administrativos (Paula, 2005). O mercado, já diziam os neoclássicos, é o melhor alocador de recursos.

---

9   Por conta deste trabalho, em 1986, Buchanan recebeu o Prêmio Nobel de Economia.

A adaptação e a transferência de práticas da gestão privada para o serviço público tornaram-se central nas reformas dos anos 1980 por meio da abordagem que se tornou conhecida como a nova administração pública ou administração pública gerencial,[10] por sua ênfase em procedimentos gerenciais privados na ordenação das políticas públicas. A crença de que o Estado era o grande vilão da crise do padrão de regulação anterior garantiu sua aceitação.

> A crise econômica mundial dos anos 1970 é apresentada como uma crise de 'gestão' do Estado e não mais como resultado das contradições internas ao próprio sistema capitalista. Conclui-se dessa forma que o Estado e seu modelo 'burocrático-keynesiano' de intervenção precisam ser reformulados e adaptados às novas condições impostas pelo capitalismo globalizado (Borges, 2001, p. 159).[11]

O problema da regulação dos procedimentos gerenciais privados foi colocado no âmbito da teoria da agência (*agency teory*). Na sociologia, a categoria agência é classicamente formulada para designar a ação humana em contraposição à ideia de uma estrutura que organiza a vida social. No caso das reformas realizadas sob a influência da nova administração pública, atribuiu-se à teoria clássica tal formulação da agência, cuja base é a abordagem utilitarista do comportamento humano – o homem age para maximizar seus interesses egoístas. No campo empresarial, a teoria da agência discute o conflito de interesses entre os acionistas (proprietários dos recursos econômicos) e os gestores das empresas

---

10 A reforma do Estado, implementada no Brasil nos anos do presidente Fernando Henrique Cardoso pelo então ministro Bresser-Pereira, a partir de 1995, foi a forma pela qual esta abordagem entrou na política pública brasileira.

11 Internamente ao Banco Mundial, esta crítica ao Estado será formulada no âmbito da teoria *rent-seeking* apresentada por Anne Krueger em 1973.

(responsáveis pela gestão dos recursos econômicos). Há conflito quando se supõe a existência de assimetria de informações entre o gestor, no interior da empresa, e o acionista que está em desvantagem em relação ao controle sobre a ação do gestor no atendimento aos seus interesses – uma condução dos negócios a fim de distribuir recursos em seu benefício. Como o comportamento é orientado pela maximização dos interesses egoístas, instrumentos de regulação e fiscalização do comportamento do gestor e devem ser criados. A transferência das atividades do setor público para o setor privado é justificada no seio da teoria da agência como modo de estimular o comportamento racional, cuja regulação, recomenda-se, deve ser feita mediante a criação de mecanismos de fiscalização e monitoramento das ações (Paula, 2005, p. 35-6). O equacionamento da criação destes mecanismos, ainda no campo empresarial, é formulado pela noção de *governance*,[12] ideia que, segundo Grün (2005, 2007), se origina nos embates entre dois setores da economia norte-americana nos anos 1980 – o mercado financeiro e o setor produtivo.

O segundo dos planos de análise nos quais se pode dividir a abordagem do neoliberalismo é o da organização de um movimento. Plano em que se observa, desde o final da Segunda Guerra Mundial, a constituição de centros de difusão de ideias por intelectuais que se opunham ao "intervencionismo". Intervencionismo este que se anunciava nos anos de reconstrução do pós-guerra – o inimigo era o "coletivismo" do Estado tanto sob a forma do Estado de Bem-Estar, quanto sob a forma socialista. Aqui, ao lado dos autores centrais das escolas de formulação da doutrina neoliberal, aparecem indivíduos com uma inserção social específica

---

12 O termo *governance*, não por acaso, será retomado na agenda do Banco Mundial no início da década de 1990, como será discutido mais à frente (capítulo 2).

na difusão destas ideias – professores universitários, empresários, políticos e jornalistas. Estes indivíduos mantinham relações de proximidade com círculos das altas finanças, "a história do neoliberalismo é pontilhada de nomes de banqueiros, financistas, executivos de grandes corporações etc." (Cruz, 2007, p. 40).

Esses centros de difusão de ideias, os *think-tanks*, tornaram-se a forma institucional da resistência neoliberal ao intervencionismo estatal dos anos do "consenso keynesiano" (Moraes, 2001) tendo sido centrais para a vitória e para as reformas do início do governo Thatcher e também para a consolidação da face político-eleitoral do conservadorismo neoliberal nos Estados Unidos de Reagan. Nesses centros, estudos sobre o Estado, as políticas governamentais e as políticas de desenvolvimento econômico foram elaboradas sob as ideias daqueles autores.

Na Inglaterra, o mais antigo deles, o *Institute of Economic Affairs*, foi criado em 1955 sob a influência de Hayek. O auge da sua atuação ocorreu nos anos 1980 – seu orçamento contabilizava ½ milhão de libras em doações de 250 empresas (Paula, 2005). Em 1974, o parlamentar Keith Joseph, junto com Thatcher, funda o *Centre for Policy Studies*, espaço que consolidaria o neoconservadorismo como a linha ideológica do Partido Conservador. Nos EUA, é fundado o *Adam Smith Institute* em 1977 que tem suas atividades transferidas para a Inglaterra dois anos depois.

Esses centros orientaram o discurso e as propostas dos futuros conselheiros da primeira-ministra Margaret Thatcher e influenciaram a elaboração das reformas implementadas no início do seu governo. Logo após sua posse, em 1979, foram criados no âmbito do *Centre for Policy Studies*, grupos de pesquisa nas áreas de saúde, educação e trabalho que interagiram com os gabinetes do governo e com os formuladores das reformas implementadas. Fim dos controles de comércio, terceirização de serviços públicos, inibição da atuação sindical foram medidas iniciais do governo que resultaram das elaborações desse centro (Paula, 2005). A diminuição do Estado na área social por meio do corte de gastos, da transferência para o setor privado de atividades antes públicas, da focalização da atenção estatal aos mais necessitados e da abertura às organizações filantrópicas de setores pouco atraentes ao mercado também foram medidas afinadas com as formulações neoliberais.

Nos Estados Unidos, dada sua constitutiva tradição liberal, o primeiro destes *think-tanks* é bem mais antigo; em 1919, Herbert Hoover (presidente dos Estados Unidos entre 1929-33) funda o *Hoover Institute* para financiar pesquisas sobre políticas públicas nacionais, externas e de defesa. Milton Friedman foi um de seus bolsistas. Em 1943, em Washington, é criado o *American Enterprise Institute* (em 1960, *American Enterprise Institute for Public Policy Research*) a fim de difundir ideias sobre o "empreendedorismo e negócios". Milton Friedman foi um de seus conselheiros. Em 1973, na Califórnia, é criada a *Heritage Foundation*, sob a influência das ideias de von Mises e Hayek. Esta Fundação desempenhou importante papel na formulação de medidas neoliberais implementadas na presidência de Ronald Reagan, ainda que medidas de perfil neoliberal já estivessem presentes no primeiro mandato de Nixon (1969-72): "Os principais responsáveis pela sua política financeira internacional – George Schultz, William Simon e Paul Volcker – já defendiam o abandono da paridade cambial estabelecida pelo Sistema de Bretton Woods e a livre circulação de capitais".[13] Jimmy Carter (1977-1981), ao final do mandato, implementou políticas monetaristas antiinflacionárias e de desregulamentação da economia. Reagan deu continuidade

---

13 José Luís Fiori em entrevista ao Jornal *Folha de São Paulo*, "Não há vitória do keynesianismo nem abandono da ideologia liberal", 03/05/2009.

a elas descentralizando o Estado via privatizações e terceirizações (Paula, 2005, p. 41).

Ainda que mediada por tais centros de influência localizados, em geral, em universidades, e pela mídia, a transferência de um corpo de ideias liberalizantes para a agenda política não ocorre de maneira linear. Como não poderia ser, pois há mediações implicadas entre o plano das ideias e a prática política, que é por sua própria natureza permeada por conflitos de interesses e acomodações nem sempre coerentes com o plano das doutrinas. Tal como alguns autores apontam (Mountian, 2008; Cruz, 2007; Moraes, 2001), não há uma aplicação direta daquele corpo doutrinário às reformas econômicas e políticas implementadas nas últimas décadas, mas influências das prescrições gerais que tomam forma e incorporam outros elementos em resposta aos acontecimentos práticos. O neoliberalismo é um conjunto de ideias e valores e não apresenta um conjunto rígido de políticas a ser aplicado. Deste ponto de vista, a agenda neoliberal é um enquadramento aberto, definido por "ideias-força" bastante nítidas que fornecem um "temário máximo" para as medidas que cada governo deve tomar (Anderson, 1996). Para Cruz (2007), o sentido destas "ideias" é o da reacomodação das relações de força entre as classes sociais, para Harvey (2008) esta direção indica a predominância dos interesses das finanças em detrimento de outras frações de classe.[14]

---

14 Na época da escrita da tese, eu estava convencida de que o neoliberalismo era a vitória das finanças enquanto fração de classe, argumento defendido por David Harvey. O trabalho de P. Dardot e C. Laval, *La nouvelle raison du monde*, Paris: La Decouverte, 2010 a partir da reflexão que nos trouxe Foucault a respeito das formas de governo do neoliberalismo, sobretudo, nos traz uma nova formulação para compreendermos o neoliberalismo como uma racionalidade política. Esta interpretação não está exatamente em contradição com a ideia de que os grupos financeiros passam a exercer hegemonia com a neoliberalização da sociedade, mas o que a compreensão nesta chave oferece

Segundo Carvalho (2004), esta amplitude de medidas serve não apenas à margem de manobra dos governos nacionais, mas à transferência das responsabilidades diante dos possíveis fracassos das medidas neoliberais, das organizações multilaterais como o Banco Mundial para as escolhas de cada país.

O terceiro plano analítico em que se pode caracterizar o chamado neoliberalismo consiste em um conjunto de políticas implementadas nacionalmente de maneira heterogênea a partir da década de 1970. Neste último plano, a presença daqueles "grandes" autores é rarefeita e em seu lugar, aparecem as organizações governamentais e as organizações multilaterais (o Banco Mundial e o FMI, sobretudo) com seus consultores e pesquisadores. As reformas provenientes dessas políticas serão generalizadas de fato com os empréstimos das organizações financeiras multilaterais – Fundo Monetário Internacional e Banco Mundial – para a renegociação da dívida externa dos países da América Latina e da África na década de 1980 (a crise da dívida).

É também nessa mesma época que estão em curso as primeiras reformas do setor público no mundo anglo-saxão (no Reino Unido, a partir de 1979, e nos Estados Unidos, a partir de 1981) que foram influenciadas pela doutrina neoliberal, em geral, e pelas teorias da escolha pública (*public choice*) e da agência, em particular (Paula, 2005; Moraes, 2001). Reformas que estarão no repertório de influências mobilizadas pelas organizações finan-

---

é a perspectiva de pensarmos como o neoliberalismo transformou o horizonte político ao ordenar o mundo a partir de normatividades de extração mercantil. Como o leitor poderá notar ao final deste livro, esta orientação encontra eco na tese defendida aqui. É a partir destes achados que me envolvo nas duas redes de pesquisa já mencionadas: Rede Interdisciplinar de Pesquisadores e Rede SAGEMM.

ceiras multilaterais ao prescrever condições para os empréstimos concedidos aos países endividados.

Um ponto importante para a compreensão dos caminhos trilhados pela abordagem da nova administração pública, que prescreveu a transferência de práticas da iniciativa privada para o setor público, é a hegemonia construída nos anos 1960 de um sentimento antiestatista (de esquerda e de direita) em reação às grandes burocracias erguidas no auge do keynesianismo (década de 1950) (Harvey, 2008, 1999). Esta hegemonia forneceu, por um lado, plausibilidade às reformas neoliberais das administrações conservadoras no Reino Unido[15] e nos Estados Unidos e, por outro, construiu o solo em que ocorreu a convergência entre a semântica de esquerda e o discurso da nova administração pública, que incorporou temas da democracia e da participação como justificativas para privatização e terceirização dos serviços antes realizados pelo Estado.

O ideário neoliberal que já subsidiara soluções localizadas para enfrentar problemas da crise do regime de acumulação fordista-keynesiano em alguns países, alcançará maior plausibilidade ao nortear as reformas econômicas de longo prazo prescritas como condição para os empréstimos concedidos pelo FMI aos países endividados. A América Latina assume papel de

---

15 A reforma da gestão pública implementada no Reino Unido foi o modelo difundido para a Austrália e para a Nova Zelândia, países sob sua zona de influência política e econômica. Nos dois países, as reformas orientadas pela nova administração pública foram realizadas, a partir de 1984, por administrações de partidos de esquerda (partidos trabalhistas, considerados de centro-esquerda) e não por partidos conservadores como no caso do Reino Unido (Paula, 2005). Uma interpretação para a implementação das mesmas reformas pela direita e pela esquerda é a hegemonia antiestatista construída nos anos 1960. Segundo Perry Anderson, a adoção de medidas neoliberais também pelos governos de esquerda expressa "a hegemonia alcançada pelo neoliberalismo como ideologia" (1998, p. 14).

destaque na difusão das reformas de liberalização comercial e financeira, definidas pelo Banco Mundial como condições para o empréstimo, a partir das organizações multilaterais em função do contexto de vulnerabilidade econômica em que os países da região se encontravam nesse momento: necessidade de reverter a fuga de capitais, reduzir a inflação descontrolada e tirar as economias da recessão (Gimenez, 2007). É por esta via que as organizações multilaterais levam à generalização no plano internacional das reformas liberalizantes no interior de cada sociedade nacional, ainda que estas assumissem formas heterogêneas e diferentes ritmos de implementação.

Nos limites deste livro, a análise se desdobra a partir desse terceiro plano fazendo referência aos debates teóricos que impulsionaram alterações na esfera das formulações do Banco Mundial sobre as reformas do ajuste estrutural. Não existe a transmissão direta das elaborações teóricas ao plano das formulações políticas do Banco Mundial, como já foi mencionado, mas o que está sugerido aqui é que o plano teórico fornece um determinado enquadramento para as mudanças no escopo das políticas. É neste sentido que o argumento propõe o atravessamento entre os três planos analíticos discutidos por Cruz (2007). Procura-se demonstrar a centralidade das alterações na agenda do ajuste para a criação de uma convergência plausível entre práticas de governo que já foram orientadas por campos opostos no espectro político.

Já foi dito aqui que as organizações financeiras multilaterais são o espaço em que esta agenda se generaliza para os países da periferia. Nesse momento, tanto FMI quanto Banco Mundial convergiam no receituário do ajuste. Mas nem sempre foi assim. Criadas no contexto das reformas de Bretton Woods,[16] estas or-

---

16 As instituições criadas na Conferência de Bretton Woods foram o Banco

ganizações vieram consolidar o papel já esboçado no período entreguerras de coordenação da economia internacional, quando foram criadas a Organização Internacional do Trabalho (OIT) e a Liga das Nações, ambas em 1919, o Banco para Acordos Internacionais (Bank for International Settlements), em 1930, e a Corte Permanente de Justiça Internacional, em 1921. Porém, a tarefa nesse momento não é apenas de coordenação das relações já existentes, mas tratou-se de construir uma nova ordem econômica internacional, sob hegemonia norte-americana, cuja expansão fosse capaz de evitar as irrupções sociais que estiveram na origem do fascismo e do comunismo (Cruz, 2007, p. 74). Neste momento, FMI e Banco Mundial procuravam desempenhar funções diversas na garantia de estabilização desse novo sistema monetário e financeiro:[17] o Fundo era responsável pela atenção aos problemas de liquidez, enquanto ao Banco cabia a tarefa da destinação de recursos à atividade produtiva nos diferentes países-membros. Por esta razão, o FMI voltava-se mais às políticas monetárias, fiscais,

---

Internacional de Reconstrução e Desenvolvimento (Bird), o Fundo Monetário Internacional (FMI) e o Acordo de Comércio (GATT – *The General Agreement on Tariffs and Trade* – na sigla em inglês), que em 1986, durante a Rodada de negociações do Uruguai, passou a chamar Organização Mundial do Comércio (OMC). O Banco Mundial (que nasceu apenas Bird), na realidade, é composto por mais quatro agências que formam atualmente o Grupo Banco Mundial. Em 1956, foi criada a Corporação Financeira Internacional (CFI); em 1960, a Agência Internacional para o Desenvolvimento (AID); em 1966, o Centro Internacional para Conciliação de Divergências nos Investimentos (CICDI); e, em 1988, a Agência Multilateral de Garantias de Investimentos (AMGI). O Bird e a AID se concentram nos aspectos mais gerais, relacionados ao desenvolvimento e, portanto, se relacionam com os países; as outras três agências atuam na intermediação com o setor privado (Coelho, 2002, p. 18-9). A pesquisa de Jaime Coelho foi publicada posteriormente em forma de livro: *Economia, poder e influência externa: o Banco Mundial e os anos do ajuste na América Latina*. São Paulo: Unesp, 2012.

17 A referência para toda a caracterização do FMI e do Banco Mundial nos parágrafos seguintes é Samuel Lichtensztejn e Monica Baer, 1987, p. 10-14.

de dívida externa e cambiais de curto prazo, enquanto o Banco se concentrava em investimentos de infraestrutura e eficiência no uso de recursos e políticas de preços a médio prazo.

Até meados da década de 1960, o Banco Mundial secundava a posição do FMI, que ocupava o lugar mais relevante na administração da estrutura financeira internacional. A economia mundial estava em expansão e o processo de acumulação não enfrentava maiores problemas. O Banco Mundial fornecia apoio à expansão de empresas e bancos tanto nos países industrializados (centrais) quanto nos países mais atrasados no desenvolvimento da economia capitalista (periferia). No final da década de 1960, com a desvalorização cambial decorrente da crise econômica nos países centrais, a legitimidade do Fundo é abalada. O FMI foi incapaz de regular a liquidez internacional diante do abalo da hegemonia do dólar. O Banco assume papel de destaque na busca de mecanismos para administrar a crise, o que lhe exigiu "maior audácia teórica e ideológica", ainda que estas organizações nunca tenham se separado, a despeito de pequenas divergências conjunturais.[18]

A aproximação dos campos de atuação do FMI e do Banco Mundial se deu no contexto da crise de endividamento da América Latina e da crescente interação das duas organizações com os bancos privados:

---

18 "Menciona-se, muitas vezes, a existência de conflitos entre esses organismos, seja por suas políticas de empréstimos ou, na década de 1970, pela zelosa defesa burocrática de concepções supostamente diferentes. Estas disputas, todavia, referiram-se principalmente a mecanismos de instrumentação ou a posições conjunturais que não tiveram um conteúdo profundo nem grandes consequências. Em termos gerais, e com o correr do tempo, essas instituições vêm-se vinculando com maior vigor e complexidade, cumprindo – é claro – funções distintas mas convergentes na estrutura de poder econômico--financeiro internacional" (Lichtensztejn e Baer, 1987, p. 10-1).

> (...) o FMI acentuou o seu interesse pelas políticas impositivas, de preços e subsídios, na medida em que estavam vinculadas a questões como a energia e a produção agrícola e industrial. (...) [e o Banco] – a partir de seus empréstimos de ajuste estrutural – parecia realizar um movimento de aproximação na direção do Fundo, invadindo suas tradicionais áreas operativas (Lichtensztejn e Baer, 1987, p. 12).

A aproximação entre os campos de atuação das duas organizações, contudo, se fez sob a crescente importância das formulações do Banco sobre o desenvolvimento internacional na perspectiva da segurança e da governabilidade, como será visto no próximo item deste capítulo.

> (...) o Banco Mundial converteu-se em uma instituição de peso no concerto internacional; ficou para trás seu caráter secundário e sua aparência de instituição que vivia à sombra do FMI. Devido à própria evolução da economia internacional, o Banco foi adequando e desenvolvendo suas próprias funções, e estendendo progressivamente seu raio de influência. (...) Finalmente, e os seus programas de ajuste estrutural e co-financiamento de projetos são uma mostra disso, o Banco assume responsabilidades globais inerentes à crise financeira mundial [década de 1970], na qual as soluções para o pagamento da dívida externa e contra o subdesenvolvimento se entrelaçam com os problemas de expansão dos capitais produtivo-financeiros internacionais e com uma estrutura desigual de poder no sistema das nações (Lichtensztejn e Baer, 1987, p. 146).

Comumente, as análises realizadas pelo Banco Mundial sobre a situação do desenvolvimento mundial são tomadas por sua eficiência, neutralidade e objetividade. Algumas causas sustentam esta sensação de pragmatismo e diferenciam a ação do Banco da rigidez e do dogmatismo por meio dos quais o FMI é caracterizado. Primeiramente, o Banco Mundial não opera apenas no campo financeiro, como é o caso do FMI, sua atuação está próxima do campo de problemas produtivos que são específicos e diversificados. Em segundo lugar, além das preocupações com o crescimento econômico, a partir das décadas de 1960 e 1970, se fazem presentes nas análises do Banco questões relativas à pobreza, à injustiça, ao desemprego e a outros problemas relacionados aos países do terceiro mundo. Por fim, o fato de o Banco contratar funcionários e consultores com posições críticas e progressistas lhe fornece, também, uma imagem de ecletismo que funciona como expressão de uma suposta neutralidade ideológica, uma vez que, diante da realidade empírica, busca os melhores especialistas para que a partir dela, apresentem suas avaliações. Para fins da análise contida neste livro, o Banco Mundial é um objeto privilegiado na medida em que sua ação parece mais inovadora e abrangente que aquela do Fundo, mais restrita ao domínio das relações financeiras.

## As políticas de desenvolvimento do Banco Mundial nas décadas de 1960 e 1970 – um padrão de crescimento e de controle social para a periferia

As elaborações do Banco Mundial sobre o problema do desenvolvimento são parte constitutiva de sua história. O eixo em torno do qual se articularam as diferentes agendas que orientaram suas políticas sempre foi a promoção do crescimento econômico, seja no momento inicial como estratégia de reconstrução das economias atingidas com a Segunda Guerra (agenda das necessidades de capitalização básica – *basic utilities*), seja quando seu foco de atuação volta-se para a industrialização dos países da periferia capitalista ou quando, posteriormente, alguns aspectos sociais entram na organização do seu cálculo estratégico (agenda das necessidades básicas – *basic needs*), e inclusive mais recentemente quando a estratégia central é a redução da pobreza (estratégia de redução da pobreza – *poverty reduction strategy*). A estabilidade do sistema econômico sempre esteve no centro destas preocupações, garantindo a internacionalização das formas produtiva e financeira do capital privado.[19] E é bom lembrar que é por avaliar que a instabilidade social constitui um perigo para a ordem do sistema que o Banco dirige crescentemente um olhar para esta questão.

O pós-Segunda Guerra marca a consolidação econômica, militar e política da hegemonia americana, portanto, não se deve estranhar a ascendência marcante desta potência sobre o Banco Mundial. Na origem do sistema de Bretton Woods, os Estados Unidos contavam com cerca de 70% das reservas internacionais no contexto de falta de liquidez que caracterizou o período (Pollini Jr, 1999). Diante da escassez de recursos, a reestruturação das condições do comércio internacional foi assumida pelos americanos, por meio do Plano Marshall,[20] juntamente com o capital privado de corporações norte-americanas que foram incentivadas a

---

19 "Um de seus [das instituições de Bretton Woods] objetivos é estabelecer mecanismos de negociação sob pressão com os diferentes países membros, de modo a reduzir as consequências das crises sistêmicas e a criar um ambiente favorável à realização mundial do valor. Ou seja, são instituições preparadas para evitar o colapso global do sistema e perpetuar meios de ampliar a reprodução do capital. Se isso significa o aprofundamento do desenvolvimento desigual e combinado, reformas sociais e industrialização na periferia, ou o crescimento do fluxo de recursos dos países do sul para os do norte, não se trata de iniciativa autônoma dessas instituições, mas – voltamos a insistir – da resposta institucional que dão à própria dinâmica do capital mundializado sob hegemonia norte-americana" (Arantes, 2004, p. 18).

20 Plano de reconstrução da Europa no pós-guerra (1948-53).

realizar investimentos no exterior. Desde o início, o maior aporte de recursos no Banco Mundial foi também dos Estados Unidos, e por esta razão, eles detêm poder de veto sobre suas decisões.[21] Em função do acordo inicial firmado na Conferência de Bretton Woods, os presidentes do Banco são americanos e os presidentes do FMI são europeus. A maioria dos presidentes americanos tem relação com o mercado financeiro – Wall Street – o que garante, também, a ascendência financeira em suas políticas. A divisão dos recursos que compõem o orçamento do Banco demonstra, também, o peso desse setor: do total dos recursos captados junto ao setor financeiro privado – de receitas próprias vindas do capital empregado pelos países membros e de rendas/receitas obtidas pelo mecanismo de intermediação e de assistência técnica –, apenas 20% é proveniente da contribuição dos países membros e 80% de outras fontes, principalmente da iniciativa privada (Coelho, 2002, p. 18; Mountian, 2008; Lichtenztejn e Baer, 1987).

A partir da década de 1960, a atuação das organizações multilaterais que já era pautada pela moderação dos conflitos sociais

---

[21] A divisão de poder interna das organizações financeiras multilaterais como FMI e Banco Mundial vem sendo pressionada desde o início desta década de 2000. De acordo com Jaime Coelho, a crise financeira mundial de 2007-2008 impactou decisivamente na reforma da distribuição dos votos de ambas as organizações. O Banco Mundial já vinha sofrendo pressões dos países em desenvolvimento para reformar-se em função do aumento do volume de recursos vindos de fundos soberanos e da China, em especial. A partir de 2008, inicia-se processo de reformas que acabaria em 2014. Dados coletados por Coelho (p. 641) sobre os 11 maiores acionistas do Banco, demonstram que os países dos BRICs saíram fortalecidos e países europeus, Japão e Canadá tiveram seu poder diminuído. De toda forma, entretanto, o peso dos EUA não foi alterado mantendo seu poder de veto. COELHO, Jaime César, "Reformando as instituições financeiras multilaterais (passado e presente): Banco Mundial e FMI", CINTRA, M. A.; GOMES, K. R. *As transformações do sistema financeiro itnernacional*, vol. 2, Brasília: IPEA. 2012.

no espaço intra-europeu, altera seu foco geográfico para os países da periferia capitalista:

> A partir daí, é no circuito das instituições internacionais voltadas ao financiamento e ao fomento das economias 'atrasadas' que vicejam as concepções normativas sobre as mudanças necessárias para garantir o 'desenvolvimento'. O Banco Mundial aparece como protagonista nessa história. (...) A trama, porém, envolve ainda vários coadjuvantes: bancos regionais, como o Banco Asiático de Desenvolvimento e seu congênere americano – o BID; agências especializadas das Nações Unidas, como a Unesco, o Unicef, a Unido [United Nations Indutrial Development Organization], e outros organismos também vinculados à ONU, como a Cepal (Cruz, 2007, p. 74).[22]

A periferia capitalista era o local em que o acirramento da Guerra Fria se fazia visível – guerras de libertação nacional na

---

22 A Cepal protagonizou um intenso debate político na América Latina que se expressou na polarização entre duas concepções opostas quanto às estratégias de promoção do desenvolvimento: de um lado, os "ortodoxos" que defendiam a austeridade fiscal e monetária como instrumentos para corrigir as distorções próprias das economias do terceiro mundo; e de outro os reformistas de vários vieses (expressos na teoria estruturalista) para os quais as raízes dos problemas que afetavam os países da periferia eram estruturais e apostavam na centralidade do Estado para superá-los. Na América Latina, este debate se traduziu entre monetaristas e estruturalistas; nos países onde o modelo soviético foi mais influente, como Índia, Turquia, Egito ou Argélia, o debate tomou outras formas (Cruz, 2007, p. 75). Uma simbologia era mobilizada em torno do tema do desenvolvimentismo que articulava entre outros elementos a intervenção do Estado no processo de desenvolvimento e a crença de que estava em questão um futuro moderno para os países. Havia uma brecha política aberta para disputas em torno dos termos deste futuro. O pensamento de Celso Furtado, grande expoente do pensamento cepalino, sugere esta abertura. O desenvolvimentismo fornecera um lugar para a representação dos problemas da pobreza e das desigualdades sociais como sintomas do subdesenvolvimento latino-americano que seriam superados pela via do desenvolvimento (Cunha, 2007; Cardoso, 1999).

África e na Ásia, revoluções quase todas com desdobramentos em regimes socialistas,[23] aumento da pressão no Terceiro Mundo não alinhado –[24] e é neste contexto que a expansão do comunismo tornava-se uma ameaça concreta para os Estados Unidos (Arantes, 2004) e em resposta ao desafio de contê-la que a meta do Banco Mundial e do FMI é formulada no seio da "doutrina da contensão" (*doctrine of containment*) – esta doutrina se estende até os anos 1980, quando dá lugar à orientação da expansão do livre mercado, definida pela "doutrina do alargamento" (*doctrine of enlargement*) (Wade, 2001).

As mudanças na agenda do Banco Mundial são respostas a estes movimentos considerados potencialmente desestabilizadores da ordem do sistema capitalista. Naquele momento da década de 1960, estava no horizonte político a possibilidade de expansão do bloco comunista para novas áreas no sul do planeta. A Revolução Cubana (1959) e a crise dos mísseis com Cuba (1962) foram os importantes acontecimentos que explicam a importância que a América Latina passou a ter para o Banco Mundial, pois representou um problema para a influência política dos Estados Unidos na região. Arantes (2004, p. 19) cita a interpretação do estrategista político e presidente do Conselho de Planejamento Político do governo Kennedy (1961-63), Walt Whitman Rostow, sobre a possibilidade de contaminação do conflito norte-sul (países ricos x pobres) pelo conflito leste-oeste (países comunistas x capitalis-

---

23 Indochina, Iraque, Cuba, Argélia, Congo, Goa, Nova Guiné, República Dominicana (Arantes, 2004).

24 Em 1955, líderes mundiais não alinhados nem aos Estados Unidos nem à URSS se reuniram na Indonésia e lançaram uma carta-manifesto que ficou conhecida como a Carta de Bandung, em referência à cidade em que ocorreu a conferência. A pressão nacionalista do terceiro mundo, não alinhado, se fortaleceu a partir deste encontro.

tas): "Não é difícil perceber que os comunistas veem nas áreas subdesenvolvidas uma arena de oportunidades". Como resposta a essa potencial "contaminação", a estratégia mobilizada pelo Banco Mundial (compartilhada pelo FMI e pelos bancos regionais de desenvolvimento) será a promoção do crescimento econômico desses países via investimentos em infraestrutura básica para impulsionar a industrialização.

O que estava por trás desta estratégia era a premissa de que países com economias capitalistas bem consolidadas estavam menos propensos a tensões e conflitos sociais e, portanto, mais distantes do regime soviético.[25] Tratava-se da consolidação de um padrão de desenvolvimento para o terceiro mundo que, nas palavras de Robert McNamara (presidente do Banco Mundial entre os anos 1968 e 1981), consistia em atuar nas "conexões entre a pobreza mundial e as relações instáveis entre as nações" (1981, p. 3 [26] em Arantes, 2004, p. 18), o que significava que as instituições multilaterais atuariam na "construção de sociedades estáveis na periferia e semiperiferia, de modo que não conduzam o sistema ao colapso - ou à revolução" (Arantes, 2004, p. 18).

---

25 O apoio a ditaduras militares foi parte da estratégia do Banco Mundial entre os anos 1960 e1970 para conter politicamente a ameaça comunista – "Nos anos 1970, por exemplo, o Banco Mundial aumentou o volume de empréstimos duas vezes mais rapidamente para os novos governos repressivos do que para os demais. Cortou imediatamente recursos para o governo democraticamente eleito de Allende, enquanto financiava Ceaucescu na Romênia, um dos governos mais autoritários do mundo. Em 1979, quinze dos governos mais repressivos do mundo recebiam um terço dos empréstimos do banco, ao passo que o próprio governo norte-americano já cortara recursos para quatro deles (Argentina, Chile, Uruguai e Etiópia), por flagrante violação dos direitos humanos" (Bruce Rich em Danaher, 1994, p. 10 em Arantes, 2004, p. 19).

26 Robert McNamara. *The McNamara years at the World Bank: 1968-1981*. Londres: John Hopkins University Press, 1981.

A estratégia para promoção do desenvolvimento na América Latina foi formulada no âmbito de um programa do governo americano, a Aliança para o Progresso do presidente John Kennedy, que por meio de sua agência para o Desenvolvimento Internacional (Usaid), mobilizava ainda o Banco Mundial e o recém-fundado BID – Banco Interamericano de Desenvolvimento (1959). Esta estratégia se justificava, para o governo americano, por sua vocação de liderança mundial, formulada pela doutrina do destino manifesto,[27] de acordo com Rostow:

> Os Estados Unidos têm uma responsabilidade de liderança – fazer não só que seus próprios recursos, mas também os recursos de todo mundo livre influam na ajuda a longo prazo para o desenvolvimento daquelas nações que se empenham seriamente na modernização de sua economia e de sua vida social. E, como o presidente Kennedy deixou claro, nenhum programa de sua administração era considerado mais importante do que o programa de desenvolvimento de longo prazo, simbolizado, por exemplo, pela Aliança para o Progresso. A independência não pode ser mantida apenas pelas medidas militares. As sociedades modernas devem ser construídas, e estamos preparados para ajudar a construí-las (W.W. Rostow em Arantes, 2005, p. 19-20).

---

27 "(...) a doutrina do *manifest destiny* comportava duas interpretações e dois comportamentos – isolar-se e florescer 'longe do mundo' a ele oferecendo um exemplo de nação ou intervir decididamente para garantir que este exemplo fosse de fato seguido. Stephanson [*Manifest destiny – American expansion ant the empire of right*, 1996] afirma que a primeira alternativa teria predominado na curta vida da república norte-americana, mas que seria claramente suplantada e substituída pela outra, depois da Segunda Grande Guerra. Essa modulação é sinalizada pela história dos numerosos centros de estudos e *think tanks* criados para o estudo comparado de países, em especial os países daquele terceiro mundo em disputa" (Moraes, 2005, p. 10).

Tratava-se de um programa econômico de longo prazo voltado especificamente para a América Latina, e, conforme o mesmo Rostow afirmava (em Pollini Jr., 1999, p. 25), o desenvolvimento da região estava subordinado à necessidade de conter a ameaça comunista:

> Nossa primeira tarefa, obviamente, é ajudar as nações, ameaçadas de agressão Comunista direta ou indireta, a manter sua independência. Nossa segunda tarefa é ajudar as regiões em desenvolvimento do Sul a estabelecer a base de longo prazo para sua independência, por meio de programas de comércio e de assistência técnica e econômica. O equilíbrio entre defesa e construção que criamos em nossa resposta inicial à ofensiva pós-guerra de Stálin, na forma da Doutrina Truman, por um lado, e do Plano Marshall, por outro, continua relevante até hoje em outras regiões; embora haja, é claro, uma diferença entre as tarefas do desenvolvimento e a da reconstrução europeia do pós-guerra. Na América Latina, trabalhando com uma maquinaria internacional bem estabelecida e de sofisticação considerável, trabalhamos junto com a Organização dos Estados Americanos tanto para tornar estéril a ofensiva de Castro de subversão e de guerra de guerrilha contra o hemisfério, quanto para dar vida à grande aventura da Aliança para o Progresso.[28]

Outros trechos de autoridades americanas registradas em Pollini Jr. (1999) reforçam a ideia de que a contenção era o ponto central deste programa econômico - do então Secretário de Estado americano Dean Rusk (1961-69), trecho de 1963:

---

28 W. W. Rostow, "The role of emerging nations the world politicies" in *The Department of State, Bulletin: the official weekly record of the United States Foreign Policy*, vol. LII, n.1345, US Government printing office, Washington DC, april , 1965. p. 494 (Citado em Pollini Jr., 1999, p. 24). As citações em inglês foram traduzidas para dar maior fluidez à leitura. A responsabilidade é da autora.

> A traição da Revolução Cubana ao Imperialismo Comunista transformou-a em marca indelével na América Latina, e aqueles que aspiram por mudanças não desejam nada da laia de Castro. O Comunismo atualmente se beneficia das duras condições de vida no hemisfério, as quais a Aliança do Progresso foi projetada para aprimorar, representando uma alternativa livre ao tipo de revolução castrista. (...) Parece-me essencial que mobilizemos nossos recursos em comum para ajudar os países subdesenvolvidos a aprimorar seus padrões de vida, tornando com isto possível a estabilidade política.[29]

e do então Secretário Assistente para questões inter-americanas, Edwin M. Martin (1962-64), do mesmo ano de 1963:

> Estamos canalizando nosso ataque direto ao problema da subversão Comunista em duas direções. Uma é o isolamento de Cuba do resto do hemisfério e o descrédito da imagem da Revolução Cubana no hemisfério. A outra é o aprimoramento da capacidade de segurança interna dos países concernidos. (...) Estamos ajudando nossas Repúblicas irmãs manter a ordem e a fortalecer instituições democráticas, para que os frutos da Aliança [para o Progresso] possam ter a chance de amadurecer. Alguns deles amadurecem rapidamente – escolas, centros de saúde, sistemas de tratamento de água, casas populares, merendas escolares, estradas para levar os produtos do campo para as cidades. Outras demoram a produzir resultados: novas indústrias, redes de trens e de rodovias, economias agrícolas modernizadas. Novamente: construímos as de primeiro tipo para tornar possível as de segundo tipo. O que pretendemos é, nos próximos dez anos, desenvolver

---

29 Dean Rusk, "The road ahead", The Department of State, *Bulletin: the official weekly record of the United States Foreign Policy*, vol. XLVIII, n. 1236, US Government printing office, Washington DC, 4 march, 1963 (Citado em Pollini Jr., 1999, p. 24).

habilidades, atitudes, e fundamentos materiais sobre os quais a América Latina possa seguir rumo ao crescimento autossustentado. O que pretendemos, simultaneamente, é produzir evidências suficientes, para que um grande número de pessoas, de que nosso modelo funciona, de forma a evitar que elas sigam as promessas falsas porém sedutoras dos Castristas e dos Comunistas.[30]

A teoria das etapas do crescimento econômico de W. W. Rostow forneceu a referência conceitual às propostas da Aliança para o Progresso. Como membro do governo americano (conselho de planejamento), ele estava em lugar privilegiado para influenciar as decisões sobre as políticas de desenvolvimento para a periferia. O desenvolvimento econômico, de acordo com suas formulações, consistia na transformação de uma economia de base agrícola – a primeira etapa do desenvolvimento de qualquer sociedade – para uma economia de base industrial – a etapa do consumo de massa, cujo exemplo máximo era o fordismo americano. Tratava-se de um processo que dependia apenas das condições internas da economia de cada país e tinha no investimento privado, seu ponto central. Como nos países "subdesenvolvidos", a iniciativa privada não era bem desenvolvida, o apoio do Estado era fundamental no investimento da infraestrutura básica – educação, transporte, energia – para garantir o cumprimento das etapas do desenvolvimento econômico. A estratégia adotada pela Aliança para o Progresso, influenciada pelas formulações de Rostow, tinha como pressuposto que a melhoria das condições de vida na periferia resultaria da mo-

---

30 Edwin M. Martin, "Communist subversion in the Western hemisphere", The Department of State, *Bulletin: the official weekly record of the United States Foreign Policy*, vol. XLVIII, n. 1236, US Government printing office, Washington DC, vol. XLVIII, n. 1238, 18 march 1963, p. 410 (Citado em Pollini Jr., 1999, p. 25).

dernização econômica de suas sociedades pela via da industrialização – lembrando que se supunha que conter o comunismo passava pela elevação do padrão de vida da população (Pollini Jr, 1999).

Rostow não estava sozinho, ele pertence à escola dos teóricos do desenvolvimento (economistas do desenvolvimento e teóricos da modernização). Entre 1940 e 1960, no contexto do (re)surgimento de nações na cena mundial seja pela descolonização de países africanos ou pela re-identificação de nações no quadro da polarização da Guerra Fria (o terceiro mundo), estes autores participaram da sustentação teórica do que foi chamado de "era de desenvolvimento – era de *nation-building*", ou seja, participaram das formulações que serviram

> (...) para vertebrar a estrutura social e as coalizões políticas desses países, para a aventura do *nation building* – ou a ideia de construir as nações. A conjuntura constituiria, por assim dizer, uma janela de oportunidade para que surgisse um dispositivo ideológico novo – o desenvolvimentismo, uma espécie de equivalente funcional do keynesianismo e da economia mista que se tornara, nos países centrais do sistema, os 'achados' do capitalismo do pós-guerra. A formação dessa imagem-destino – o país desenvolvido – era, em certa medida, uma novidade e uma vantagem dos retardatários (...). Quando haviam 'decolado' [*take-off*] para a industrialização, os construtores do *first comers* (Inglaterra, França, EUA, por exemplo) não tinham essa referência. Os líderes do Terceiro Mundo têm (ou julgam ter) nos países desenvolvidos uma projeção de seu caminho (Moraes, 2005, p. 10-11).

As formulações destes teóricos do desenvolvimento podem ser encontradas em documentos da ONU sobre o subdesenvolvimento e nos ensaios de W.W. Rostow que influenciaram a política externa norte-americana. Estes autores se contrapunham à visão neoclássica da microeconomia e retomavam a dimensão da economia política de Stuart Mill e Adam Smith para compor o quadro que explicaria o atraso dos países subdesenvolvidos. Várias foram as correntes, entre os economistas do desenvolvimento, que refletiram sobre as formas de romper com este atraso: autores heterodoxos, como Alexander Gerschenkron e Albert Hirschman, ou de orientação marxista como Paul Baran, e também os economistas próximos ao *mainstream* da política internacional. Foram estes últimos que forneceram a justificativa teórica para as políticas de desenvolvimento e de assistência técnica adotadas internacionalmente na década de 1960, e o fizeram ao recriar, em textos publicados na década de 1950, uma interpretação da história norte-americana que a justificasse como a sociedade mais moderna, mais acabada, o rumo do desenvolvimento (Moraes, 2005, p.15; Pollini Jr, 1999).[31]

O que estava no horizonte destes economistas era a definição dos meios para a superação do subdesenvolvimento, neste sentido é que duas medidas lhes eram centrais: o crescimento da riqueza

---

31 Moraes (2005, p. 13-15) analisa três textos centrais publicados na década de 1950 que expressam a construção da história americana como o triunfo do moderno e a finalidade do processo de desenvolvimento: um estudo sobre desenvolvimento econômico encomendado, em 1951, pelo *think-tank Twentieth Century Fund* a dois professores da Universidade da Califórnia, Norman Buchanan e Howard S. Ellis, *Approaches to Economic Development*, e publicado em 1955; um texto publicado em 1957, *Economic development, theory, history, policy*, escrito por Robert E. Baldwin e Gerald M. Meier; e o texto *Desenvolvimento econômico*, de Charles Kindlerberger, publicado em 1958. Analisa, também, o primeiro documento da ONU sobre o tema do desenvolvimento, *Measures for the economic development of under-development countries*, de 51; trabalhos de W. Arthur Lewis, um dos autores deste documento da ONU; o modelo da decolagem (*take off*) de W. W. Rostow que utiliza a teoria do *big push* do economista polonês Rosenstein-Rodan; e os trabalhos deste economista nos anos 1940 sobre os caminhos do desenvolvimento da indústria em áreas deprimidas na Europa oriental.

e a divisão desta riqueza entre os diferentes setores e ramos de atividade econômica.

> Depende da forma de medir (e de conceituar o que se mede), por exemplo, a resposta a questões como esta: O que é melhor, comprar sementes ou produzi-las? Bem, depende do prazo, do projeto de desenvolvimento, do *end-state* visado, do contexto, enfim, em que se faz esta conta e leitura, aparentemente tão simples e transparente, do sistema de preços relativos. (...), o problema crucial estava na interação estreita entre o conceito e o indicador. O modo como se via o futuro e se conceitua valor e riqueza condiciona a fabricação dos instrumentos que possam medi-los e julgá-los. Por outro lado, o instrumento (disponível ou imaginável como tal) delimita a natureza daquilo que se mede (Moraes, 2005, p. 19).

A partir da definição dos conceitos e métodos para comparar as situações de desenvolvimento entre as nações, foram delineadas as reformas a serem implementadas nos países do terceiro mundo respondendo à preocupação de mantê-los afastados da influência comunista.

A sociologia do desenvolvimento, novo campo de conhecimento que surgiu nos anos 1950 e 1960, desempenhou importante papel na difusão do tema do 'desenvolvimento'. Na periferia capitalista, em especial na América Latina, as formulações da ciência social local não só progrediram neste campo, como elaboraram um referencial crítico ao que se entendia por 'desenvolvimento' por aqueles teóricos da modernização, e o fizeram por meio da discussão sobre a natureza do processo de modernização capitalista:

> (...) se pôde questionar a naturalidade determinística do 'desenvolvimento'. Também soubemos trazer para a discussão o fato de que por si mesma as inovações tec-

> nológicas não transformam a realidade e que no capitalismo sua utilização num processo de mudanças depende de que elas próprias e essa mudança coincidam com os interesses do capital. E conseguimos identificar o que era proposto como 'o desenvolvimento' e como sendo uma ideologia e um projeto de política econômica, parte integrante do projeto mais global do capital em expansão. (...) Cabia-nos, então, um grande e fértil campo de investigação, o da especificidade da nossa situação enquanto parte da expansão capitalista, bem como a especificidade da gestão das relações implicadas nessas situações por meio do projeto de desenvolvimento (Cardoso, 1999, p. 120).[32]

Os empréstimos do Banco Mundial para a periferia se consolidaram como o destino privilegiado de seus recursos apenas no final da década de 1960, já na gestão de Robert McNamara (1968-1981) – o volume de recursos multiplicou-se nesta gestão (Mountian, 2008; Arantes, 2004). É neste momento que a atenção aos aspectos sociais do processo de desenvolvimento foi cristalizada na agenda da organização. Entretanto, como todas as mudanças nesta agenda, nada aconteceu abruptamente. No âmbito do governo americano, as declarações relatadas acima (*"schools, health centers, pure-water systems, low-income homes, school feeding"*) já indicam que a direção para o desenvolvimento social já se fazia presente desde o início desta década (1960). E como já comentado, a Revolução Cubana em 1959 representara um ponto de rearranjo nas estratégias das organizações financeiras multilaterais. O presidente do Banco anterior à McNamara, Geroge D. Woods (1963-68), encomendara um Relatório de

---

32 É aqui que se circunscreve a importância de uma geração de intelectuais comprometidos com a vida política destes países, dos quais Celso Furtado é o grande representante brasileiro, e que empreenderam a construção de um pensamento crítico nacional.

avaliação da "ajuda ao desenvolvimento" realizado pela organização desde a década de 1940. Como em geral acontece com os documentos publicados na esfera de influência do Banco Mundial, o Relatório apresenta um diagnóstico da situação e apresenta soluções para resolver os problemas detectados. O Informe *Pearson*,[33] como ficou conhecido este Relatório, veio a público no primeiro ano da gestão de McNamara, em 1969, e traz antecedentes que sustentam a abordagem dos aspectos sociais que será consubstanciada nos anos 1970 por meio dos programas pro poor (para os pobres) – e, mais tarde, interrompida com as políticas do ajuste estrutural, nos anos 1980.[34]

Portanto, já estão presentes neste *Informe* os aspectos sociais que a gestão McNamara (1968-1981) cristalizará na agenda do Banco Mundial. A abordagem destes aspectos deve ser contextualizada diante da crise da economia internacional e do aumento das pressões sociais resultantes das lutas de libertação e de outras lutas políticas

---

33 Nome dado em referência a seu autor, o ex-primeiro-ministro canadense Lester Bowels Pearson (1963-68).

34 Há controvérsia sobre o declínio do tema da pobreza nas prescrições do Banco Mundial durante a década de 1980. Leher (1998) refuta a tese de que a atenção à pobreza saiu da agenda do Banco durante os anos 1980. Este autor argumenta que a preocupação com a segurança, que constitui, segundo ele, o componente político-ideológico da atenção à pobreza, permaneceu central às estratégias do Banco, ainda que durante os anos 1980, o tema da pobreza tenha sido reconfigurado e a referência explícita a ela desaparecido. Sua posição é que a pobreza voltará a ganhar atenção diante das denúncias sobre os efeitos sociais e políticos do ajuste estrutural na década de 1990. No entanto, entende-se, neste livro, que houve sim um declínio do tema da pobreza na agenda do Banco durante o período mais conservador da agenda do ajuste estrutural, diferentemente do que argumenta este autor. Este período, não por acaso, coincide com a administração de Reagan (1981-89) e Bush (1989-93) na Casa Branca. A conexão entre pobreza e segurança, realizada explicitamente por McNamara na presidência do Banco, será retomada por James D. Wolfensohn, presidente do Banco indicado por Bill Clinton em 1995, que assume o posto reivindicando o legado de McNamara e chama para seus conselheiros figuras que trabalharam naquela gestão (Leher, 1998, p. 144).

por mudanças sociais que continuavam presentes nos países latino-americanos, africanos e asiáticos. A direção que McNamara imprimiu ao Banco foi a de um estrategista político e não a de um banqueiro, ele "pretendia conseguir na paz o que não pôde conquistar com guerra: *reconhecer reivindicações populares e controlá-las*, em um período de crise mundial do capitalismo industrial e da hegemonia norte-americana" (Lichtensztejn e Baer, 1987, p. 183, *grifo meu*).

A ênfase exclusiva no crescimento econômico como o caminho para o bem-estar social que esteve na origem da Aliança para o Progresso, influenciada pela teoria dos estágios do crescimento econômico de Rostow, aos poucos deu lugar a uma preocupação mais direta com os aspectos sociais e a uma intervenção mais próxima da realidade dos países da periferia (Pollini Jr, 1999, p. 69). Esta aproximação da periferia estava, contudo, de acordo com os objetivos políticos da Aliança para o Progresso, e respondia, como já comentado, aos desafios colocados pela desestabilização creditada à Revolução Cubana. Foi o alcance da sustentação financeira do Banco Mundial, ainda na gestão de Eugene Black (1949-62), que permitiu o alargamento de sua atuação para a periferia (Pollini Jr, 1999, p. 67) já na gestão de Woods (1963-68). Neste momento, a ênfase passou a se concentrar em empréstimos para o aumento da produtividade agrícola dos setores mais pobres destes países, além do controle demográfico e de programas mais diretos de combate à pobreza – saúde, educação, saneamento e nutrição (Mountian, 2008; Pollini Jr, 1999). Para viabilizar a consecução dos objetivos sociais declarados, havia, no entanto, um programa de condicionalidades[35] implicado aos empréstimos de promoção

---

35 A implementação de determinados programas econômicos (e posteriormente, também sociais) como garantia do pagamento dos empréstimos concedidos pelo FMI e pelo Banco Mundial é uma prática criada nos anos 1950 e desde então, ainda que possa ter assumido nomenclaturas distintas, é uma constan-

do crescimento econômico destes países: deveriam estar garantidos a diminuição da inflação, a resolução do déficit na balança de pagamentos (via aumento das exportações industriais e agrícolas, e sua diversificação) e o aumento da arrecadação do governo.

Robert McNamara assume a presidência do Banco Mundial, em 1968, deixando o posto de Secretário de Defesa dos Estados Unidos no qual esteve durante os governos Kennedy e Lindon Johnson (1963-68). A mudança de McNamara da política de defesa dos Estados Unidos para o Banco Mundial é acompanhada do deslocamento da ênfase desta organização em direção ao combate à pobreza. O argumento, defendido por ele, era que a força militar não era suficiente para garantir a segurança daquele país (e do sistema capitalista como um todo) e o investimento na ajuda externa era essencial: "os EUA poderiam encontrar maior segurança através da transferência de recursos da Defesa para a ajuda externa" (Robert McNamara em Mountian, 2008, p. 46). Este deslocamento, contudo, não implicou em uma alteração na preocupação com a segurança do sistema, central na agenda do Banco desde sua criação no pós-guerra; tratava-se de uma modulação desta preocupação em direção ao discurso do combate à pobreza como sua estratégia central, coadunada no binômio pobreza-segurança. Foi por meio desse mandato que o Banco consolidou a preocupação com "os desequilíbrios sociais internos" (Lichtensztejn e Bauer, 1987, p. 142) dos países do terceiro mundo. A concepção de desenvolvimento da organização foi reformulada no âmbito da abordagem das necessidades básicas (basic needs approach) (Mountian, 2008; Arantes, 2004).

---

te destas organizações. O papel destas condicionalidades é o de enraizar um discurso sobre o mundo que está de acordo com os interesses defendidos por estas organizações. A contrapartida para a ajuda financeira é constitutiva do modo de funcionamento destas organizações (Gimenez, 2007).

O estímulo ao crescimento econômico continuava presente na estratégia de desenvolvimento do Banco Mundial, mas agora, o propósito dos programas *pro poor* de McNamara se voltava mais detidamente ao foco específico da pobreza e, mais ainda, objetivando a força de trabalho do pobre. A intenção era aumentar a produtividade dos pobres por meio de investimentos em seu capital humano – educação e saúde. É neste momento que a atuação do Banco se volta produtivamente para as cidades, até então percebidas negativamente por seu aspecto não produtivo e de queima de economias via gastos sociais. A mudança é que a entrada na agenda do Banco dos aspectos sociais implicou a percepção de que o aumento da produtividade das economias estava, também, relacionado a investimentos em setores não produtivos. A cidade é "descoberta" como importante *locus* de intervenção para o Banco e sua política habitacional será formulada em sintonia com a linha mais geral de contenção da potencial insatisfação social (Arantes, 2004, p. 35-6).

McNamara colocará em prática, por meio desta estratégia de desenvolvimento, sua "auto-crítica" quanto ao fracasso da Guerra do Vietnã. Ele formula a ideia de que a ordem política e a estabilidade devem ser forjadas pelas próprias pessoas e não pela força militar externa. Trata-se de uma nova orientação para a ajuda internacional por meio da qual os países em desenvolvimento são responsabilizados pelos empréstimos contratados. McNamara era aficionado pelas técnicas de planejamento, seu lema "o máximo de pressão com o mínimo de risco", expressa a tradução da razão econômica do custo-benefício para sua estratégia militar que é, por sua vez, transferida para o Banco. E, com base neste lema, o principal critério para a aprovação dos projetos passou a ser a habilidade em controlar os eventos precisamente. A condução de McNamara no Banco foi dirigida por seu fascínio pela técnica. A ideia era permitir dar aos objetivos financeiros uma base de evidência que estivesse subscrita por convincentes análises de custo-benefício social, sustentadas pela evidência de ferramentas de planejamento sofisticadas que foram criadas no Banco sob a gestão de McNamara (Craig e Porter, 2006, p. 53).

O apoio dos Estados Unidos a ditaduras militares na América Latina e na África, a crise dos mísseis com Cuba nos marcos da Guerra Fria e a Guerra do Vietnã eram os acontecimentos no cenário da política externa americana que talvez expliquem a adoção pelo Banco de uma estratégia mais afinada com temas sociais. Ademais, havia pressões de países da periferia no âmbito da ONU para que os bancos multilaterais apoiassem reformas sociais. É este o sentido mais geral da abordagem das necessidades básicas que supostamente estaria relacionada ao crescimento dos países agrícolas mais pobres, mas que se conformou como uma estratégia de "segurança política" uma vez que tratava de gerir, por meio de empréstimos para aspectos sociais básicos, os potenciais conflitos decorrentes do agravamento da situação de pobreza.

Diante dos efeitos da crise do petróleo e da escassez de crédito no final dos anos 1970, decorrentes do aumento dos juros americanos que se expressam em "desequilíbrios crescentes nas balanças de pagamentos dos países não produtores de petróleo, [no] aumento acelerado das dívidas externas, [na] expansão [dos créditos não performados] dos bancos privados internacionais, [no] aumento das tensões políticas, etc.", o Banco recomendou ajustes estruturais em investimentos públicos e em setores manufatureiros e de exportação, juntamente à atenção às "necessidades básicas ou combate à pobreza" (Lichtensztejn e Baer, 1987, p. 142-3). Tratava-se de reestruturar as economias da periferia para criar condições do pagamento dos empréstimos concedidos para promoção do seu desenvolvimento.

## A agenda do ajuste estrutural

A reestruturação das economias endividadas para criar as condições de pagamento estava implicada na virada neoliberal que teve lugar em resposta à crise dos pressupostos nos quais a ordem econômica esteve assentada desde o pós-guerra. A estratégia do Banco Mundial de controle das periferias permaneceu, mas houve uma mudança de tática que se insere no contexto de definição de um novo regime de acumulação baseado na abertura das economias nacionais. Sua preocupação se volta explicitamente para a reprodução do capital, sem a mediação anterior do investimento na reprodução da força de trabalho – investimento na produtividade do capital humano. A reestruturação das economias contou com a atuação conjunta entre o FMI e o Banco Mundial. Enquanto o Fundo criava uma nova linha de empréstimos – o *Structural Adjustment Loan* –, o Banco amarrava as reformas orientadas para o mercado no plano das condicionalidades a estes empréstimos.

Diante do segundo choque do petróleo, o Banco Central dos Estados Unidos (*Federal Reserve*), em 1979, decidiu aumentar os juros de sua economia. O efeito desta decisão foi levar de volta ao país o fluxo de recursos disponíveis ao financiamento dos países da periferia. A consequente contração do crédito internacional levou à multiplicação das dívidas destes países que, já endividados em função dos planos de desenvolvimento financiados junto às organizações financeiras multilaterais, viram encolher sua capacidade de pagamento. Diante deste cenário, McNamara, no final do exercício de sua gestão na presidência do Banco Mundial, criou, entre 1980-81, o primeiro grupo de empréstimos que visava o ajuste das economias dos países do terceiro mundo com o objetivo de fortalecer o balanço de pagamentos por meio do uso mais eficiente dos recursos,[36] cuja preocupação era a reestruturação destas economias. Diante da eminência da moratória das dívidas externas (que viria a se confirmar no México em 1982), McNamara, durante seu o discurso de despedida do Banco, em 1980, lançou formalmente a agenda do ajuste estrutural, definida da seguinte maneira: "A reestruturação financeira dos países tomadores, para que possam pagar pelos recursos que tomaram emprestados; e a criação de uma matriz energética autônoma em relação às importações de petróleo" (McNamara, 1981,[37] p. 629 em Arantes, 2004, p. 21).

Os países credores, as organizações financeiras internacionais e os bancos comerciais, no entanto, não apresentavam uma visão conjunta a respeito do equacionamento da dívida dos países do Terceiro Mundo, o que só viria a acontecer em meados dos anos 1980. Os bancos comerciais não compartilhavam da visão da teoria *rent-seeking*, formulada por Anne Krueger (economista do Banco Mundial) em 1973, sobre a incompetência dos Estados latino-americanos na administração de seus empréstimos.[38] O próprio FMI também parecia confiar na possibilidade destes paí-

---

36 Bolívia e Guiana, na América Latina; Turquia, Filipinas, Coréia e Ilhas Maurício, na Ásia; e Marrocos, Senegal, Quênia e Maláui, na África; foram os primeiros países a contratar esta modalidade de empréstimos; no ano seguinte (1982), Jamaica e Tailândia também aderiram aos empréstimos do ajuste.

37 *Op. Cit.*

38 A expressão *rent-seeking societies* (sociedade de caçadores de renda) foi utilizada pela economista Anne Krueger para explicar o padrão de sociedade na qual os funcionários do governo concedem favores a grupos de interesses por estarem em posições privilegiadas na burocracia pública. Esta expressão, inspirada nas formulações da teoria da escolha pública, tornou-se explicativa do funcionamento do Estado na periferia e resume bem o teor da crítica elaborada no interior do Banco Mundial já na década de 1970 aos modelos keynesiano e desenvolvimentista de Estado, mas que só ganharia expressão política na década de 1980. Anne Krueger se tornaria economista chefe do Banco entre 1982-86 e entre 2001-07, estaria à frente do FMI.

ses arcarem com o pagamento destes empréstimos, já que entre os anos 1973-79 e 1980-81, houve alta nos valores emprestados. Fiori (1996) cita um documento de 1982 (*World Economic Outlook* – Perspectivas Econômicas Mundiais) no qual o Fundo apresentava uma visão otimista quanto à superação da crise econômica internacional e seu impacto favorável na resolução do problema da dívida externa por meio da redinamização do comércio e de seu impacto no aumento do preço das *commodities*. A perspectiva era que esta melhora, junto à aplicação dos tradicionais programas de estabilização do Fundo, daria conta de refinanciar os desequilíbrios financeiros.

Em 1982, o México declara a moratória de sua dívida externa, sinalizando o início da crise da dívida que marcaria as sociedades latino-americanas profundamente pelos dez anos seguintes. Este período marca a consolidação do deslocamento da agenda social do Banco Mundial para um enfoque estritamente econômico e fiscal. A estratégia não se desdobra mais em investimentos em infraestrutura física ou social (agenda das "necessidades básicas"), a tônica é a abertura econômica, o aprofundamento da inserção na economia internacional e a reestruturação do setor público e das políticas sociais (Leher, 1998). O diagnóstico otimista da resolução da dívida, ao menos da parte do FMI, deu lugar a uma revisão crítica que tinha como pano de fundo político dois planos econômicos lançados pela política externa norte-americana: o plano Baker, em 1985, e plano Brady, em 1990. Novamente, como à época da Aliança para o Progresso, Banco Mundial e Tesouro do governo dos Estados Unidos estão afinados em sua estratégia.

Os países centrais já concediam empréstimos à periferia por meio do FMI e do Banco Mundial, mas dada a persistência da escassez de crédito, em 1985, o governo americano lança o Plano Baker, apresentado pelo então secretário do tesouro, James Baker

III, durante a 40ª reunião anual conjunta do Banco Mundial e do FMI, em outubro daquele ano em Seul/Coreia do Sul. O Plano sintetiza em três pontos uma tendência crescente desde o início da década: enfatiza a necessidade de adoção de políticas macroeconômicas de ajuste e de mudanças estruturais como garantia do pagamento das dívidas; prescreve pela articulação entre FMI, Banco Mundial e bancos transnacionais como o mecanismo central de concessão de empréstimos; e sublinha a permanência do papel desempenhado pelo Banco Mundial de apoio a expansão de bancos e de empresas transnacionais nos países do terceiro mundo (Lichtensztejn e Baer, 1987, p. 09-10).

A nova linha de crédito, criada no âmbito do FMI para garantir o alívio da dívida dos países da América Latina, e as reformas estruturais levarão os princípios do neoliberalismo ao cenário destes países. É importante relembrar que reformas orientadas por este ideário estavam em andamento no mundo anglo-saxão, sem falar nas experiências pretéritas na América Latina.[39] Este ideário pode ser sintetizado no tripé que compõe as condições para a concessão desta linha de crédito: a austeridade fiscal, a privatização e a liberalização das restrições dos fluxos comerciais e financeiros.

---

39 Para Perry Anderson, a virada neoliberal no continente latino-americano só aconteceu efetivamente no final da década de 1980, consolidando o que ele chama de a terceira grande cena de experimentações neoliberais – tendo sido precedida pelas experiências desenvolvidas pela direita que chega ao poder na Europa e nos Estados Unidos, em primeiro lugar e depois, pela Austrália e pela Nova Zelândia, nos quais o partido trabalhista levou adiante o desmonte da regulação keynesiana. Contudo, não se pode deixar de lado a mobilização do repertório neoliberal criado na região pelas experiências citadas por Anderson: a chilena (1975) que contou com a influência de Milton Friedman, e a boliviana (1985) que contou com Jefrey Sachs. A primeira foi implementada por uma ditadura militar que reprimiu brutalmente o movimento operário e a segunda colocou em prática uma versão "progressista" do neoliberalismo que seria adaptada posteriormente no sul da Europa pelo euro-socialismo (1998, p. 20).

Recomendava-se o fim da política de substituição de importações, a redução do gasto público, em especial o social, e o início de reformas fiscais para a abertura da economia (Stiglitz, 2002).

As críticas às políticas de substituição de importações, com intervenção direta do Estado no fortalecimento da economia nacional, e a crença de que a abertura econômica levaria ao aumento das taxas de crescimento nos países do terceiro mundo foram ideias formuladas em oposição ao keynesianismo que, na América Latina, fora colocado em prática sob a forma do Estado desenvolvimentista. Restritas, entre os anos 1950 e 1970, ao âmbito acadêmico de resistência ao intervencionismo estatal e à margem das decisões políticas, estas críticas subsidiariam, mais tarde, em meados dos anos 1980, avaliações das novas reformas já orientadas pelo ideário neoliberal implementadas no Chile e no México –[40] é bom lembrar que as reformas no Chile contaram com a participação direta de Milton Friedman. Tais avaliações foram realizadas por economistas latino-americanos reunidos em um seminário, em 1986, no qual fora formulado um documento que apresentava propostas para a crise da dívida na região baseadas na experiência chilena e mexicana:

> taxas de câmbio competitivas a fim de incentivar o crescimento das exportações, a liberalização das impor-

---

40 Cruz adota uma posição diferente da de Perry Anderson na análise do neoliberalismo na América Latina e comenta as relações políticas internas que impulsionaram a realização destas reformas. Além do Chile e do México, só para ficar na América Latina, ele cita a Argentina que também desenvolveu uma primeira experiência de reforma liberal, em 1976, também sob ditadura militar a exemplo do Chile. Mas o presidente Raul Alfonsín (1983-89), ao assumir o governo em meio à crise econômica e política, reverte parte das políticas liberais implementadas. O tema volta ao discurso da política econômica ao final do seu mandato, porém é realmente consolidado nas reformas de Carlos Menem (1989-99) (Cruz, 2007, p. 83).

tações, a geração de poupança interna adequada para financiar o investimento (principalmente mediante o fortalecimento da política fiscal) e a redução do papel inflado do governo, permitindo que ele se concentrasse em prestar os serviços públicos básicos e em prover uma estrutura para a atividade econômica (Kuczynski e Williamson, 2004, p. 283-4).[41]

Em um segundo seminário, realizado em 1989, John Williamson (economista do *think-tank Institute for International Economics*) preparou um documento com dez pontos que sintetizavam as propostas para a resolução do problema da dívida e a retomada do crescimento na América Latina.[42] Na realidade, tratava-se da consolidação de uma agenda de reformas já em andamento, orientadas pelas condições de empréstimos do FMI e do Banco Mundial desde a moratória da dívida externa declarada pelo México em 1982. Esta ocasião, no final dos anos 1980, fixou politicamente as recomendações em curso sob o enunciado de "Consenso de Washington".[43]

---

41 Este seminário foi organizado pelo *think-tank* inglês *Institute for International Economics* que publicou o documento *Toward Renewed Economic Growth in Latin America* (1986). Estavam presentes os economistas Gerardo Bueno (México), Pedro-Pablo Kuczynski (Peru) e Mario Henrique Simonsen (Brasil), com a organização do economista húngaro Bela Balassa que foi assessor do Banco Mundial no final da década de 1970.

42 Deste seminário, foi publicado, em 1990, o livro *The Progress of Policy Reforma in Latin America*. A síntese dos 10 pontos está presente no artigo "Why should Washington Consensus Means?" de John Williamson.

43 "1.déficits orçamentários... pequeno o bastante para serem financiados sem recurso ao imposto inflacionário [*ajuste estrutural do déficit público*] 2.*gastos públicos redirecionados* de áreas politicamente sensíveis que recebem mais recursos do que seu retorno econômico é capaz de justificar... para campos negligenciados com altos retornos econômicos e o potencial para melhorar a distribuição de renda, tais como *educação primária* e *saúde*, e *infra-estrutura*"
3.*reforma tributária*... de forma que alargue a base tributária e reduza alí-

Foi neste mesmo ano de 1989 que o Tesouro americano lançou um novo plano de reestruturação das dívidas – o Plano Brady (nome em referência ao então secretário do tesouro, Nicholas Brady), que reconhecia a inevitabilidade da renegociação como "forma de desafogar financeiramente os países devedores" (Fiori, 1996, p.132). Por meio deste Plano, o Tesouro propunha a reestruturação da dívida externa dos países por meio da troca dos seus papéis pela emissão de um novo bônus que abatia o encargo da dívida, reduzindo o principal ou os juros cobrados. A condição para a reestruturação das dívidas foi a realização de reformas de flexibilização financeira. Foi a partir daqui que se criou a possibilidade de financeirização das dívidas externas. A América Latina foi a região mais envolvida com o plano. O México concluiu o acordo em 1989, a Venezuela em 1990, a Argentina em 1992 e o Brasil em 1994. As negociações deste Plano terminaram na década de 1990, mas muitos dos instrumentos criados aí foram utili-

---

quotas marginais;
4.liberalização financeira, envolvendo um objetivo final de *taxa de juros determinados pelo mercado*;
5.*uma taxa de câmbio unificada a um nível suficientemente competitivo* para induzir um crescimento rápido nas exportações não tradicionais;
6.restrições comerciais quantitativas a serem rapidamente substituídas por tarifas que seriam progressivamente reduzidas até que fosse alcançada uma taxa baixa uniforme da ordem de 10% a 20%;
7.*abolição das barreiras que impedem a entrada de investimento estrangeiro direto*;
8.*privatização* de empresas de propriedade do Estado;
9.*abolição de regulamentações que impedem a entrada de novas empresas ou restringem a competição* [em nota: embora não explicitamente declarado, isto se aplicava tanto ao mercado de trabalho como aos mercados de produtos, motivo pelo qual neste livro a liberalização do mercado de trabalho é tratada como uma reforma de primeira geração não realizada];
10.a provisão de *direitos garantidos de propriedade, especialmente para o setor informal*" (Kuczynski e Williamson, 2004, p. 283-284).

zados para gerir outras crises. O Brasil resgatou os valores destes bônus, colocando fim a dívida externa, em abril de 2006.

A posição do governo dos Estados Unidos até meados da década de 1980 era por não intervir na negociação das dívidas externas. Fiori (1996, p. 132-3) mostra que esses dois Planos formulados pelo tesouro americano (planos Baker e Brady) foram acompanhadas de revisões analíticas sobre a crise da dívida. A base destas revisões foram três matrizes teóricas básicas que tiveram seu desenvolvimento particular nos anos 1960 e 1970, mas que convergiram na formulação de diagnósticos sobre os países da periferia: a teoria da escolha pública, a nova economia política e a teoria *rent-seeking*. O lugar desta convergência foram os documentos do Banco Mundial que a partir da segunda metade da década de 1980 começam a trazer uma análise orientada para as políticas (*policy-oriented*) enfatizando a necessidade de reformas estruturais voltadas para a desregulamentação dos mercados, a privatização do setor público e a redução do Estado – a agenda sintetizada no Consenso de Washington.

A adoção das recomendações neoliberais implicou a adesão das elites nacionais àquele conjunto de ideias, processo que está ligado à maneira pela qual estas decidem promover seus interesses explorando oportunidades da inserção na economia mundial. Respondendo a um padrão histórico de relação, as elites se veem diante da necessidade de alterar contornos da sociedade nacional para dar conta das exigências desta inserção, o que implica a incorporação de capitais dos centros avançados da economia mundial por estas elites e por grupos associados a ela, bem como mudanças de comportamento, de valores e de costumes (Cruz, 2007, p. 73).

Uma das maneiras de influenciar internamente as elites no receituário das reformas neoliberais foi a prestação de assistência técnica fornecida pelo FMI aos países tomadores de empréstimos.

Além do acompanhamento das reformas em curso, o Fundo passou a treinar os quadros das burocracias nacionais na formulação e implantação de políticas econômicas "eficazes" afinadas com suas recomendações. Além das áreas mais tradicionais de atenção da instituição: política fiscal, monetária, cambial; supervisão e regulação do sistema bancário, do sistema financeiro, do incremento das bases de dados e informações; a área social também é coberta por esta assistência (Gimenez, 2007, p. 61). Ainda que aparentemente possa haver desentendimentos entre as instituições financeiras internacionais e as elites locais, há entre as duas partes "rituais de harmonia e conciliação" (Arantes, 2004).

No momento de difusão mundial do receituário neoliberal, as instituições financeiras internacionais – em especial o Banco Mundial, com seu alto financiamento a programas de pesquisa – tornaram-se importantes porta-vozes da reflexão de uma suposta "comunidade internacional" e se transformaram no principal espaço de formulação de políticas econômicas e sociais (Gimenez, 2007, p. 64).

Stiglitz (2002) – ex-vice-presidente do Banco Mundial e ex-economista-chefe – sustenta que a grande influência desta "comunidade internacional" é dada pelas grandes economias mundiais e por pessoas que fazem o trânsito entre a iniciativa privada (financeira e comercial) e o poder público. Ele mostra o caminho percorrido por estas figuras, como por exemplo, ex-ministros das finanças e ex-diretores de Bancos Centrais que encontram espaço nas organizações internacionais depois de estarem nos governos de seus países, e antes de voltarem para a iniciativa privada: "Stanley Fischer, número dois do FMI, saiu do Fundo direto para o Citigroup; Robert Rubin, Secretário do Tesouro dos Estados Unidos, antes desse cargo público, fora funcionário da Goldman Sachs, depois, engrossou as fileiras também do Citigroup" (Stiglitz, 2002).

As críticas elaboradas por Stiglitz se dirigem à ortodoxia que influenciou as decisões do Banco Mundial e do FMI, sobretudo na década de 1980. Enquanto economista-chefe do Banco, ele tomou parte na operação que alterou (novamente) o rumo da agenda internacional na segunda metade da década de 1990 em direção à estratégia de redução da pobreza (*poverty reduction strategy*) que se consolidaria como o ponto de convergência das organizações internacionais na década de 2000. Novamente, porque no final dos anos 1980, no momento em que Williamson trazia a público sua síntese das reformas em curso na América Latina sob o enunciado do "Consenso de Washington", em outras partes do sistema do Banco Mundial, aquelas reformas já eram questionadas. É o caso do escritório africano do Bird que publicava em 1989, um Relatório de avaliação (*Sub-saharan Africa: from crisis to sustainable growth*) dos fracassos da implementação das reformas na África na década que findava (Cruz, 2007, p. 76).

# A melhor forma de governar as reformas do ajuste estrutural

O objetivo deste e do próximo capítulo é discutir as modulações da agenda das reformas do ajuste estrutural. O argumento é que estas modulações ocorreram em meio a um campo de controvérsias em torno da melhor condução dessas reformas, levando à construção de um novo consenso político de estabilização do capitalismo cuja forma é dada pela garantia de oportunidades para que todos participem dos benefícios da globalização. O ponto que interessa discutir aqui é a forma assumida pela preocupação com os aspectos políticos na agenda de desenvolvimento do Banco Mundial que está, por sua vez, relacionada ao padrão de estabilização política dos possíveis distúrbios sociais que possam vir a atrapalhar um ordenamento social favorável aos negócios. Dois elementos compõem a forma desta preocupação política com a estabilização social. Em primeiro lugar, a ideia de que a credibilidade das reformas econômicas neoliberais é alcançada por meio da adoção de táticas políticas capazes de construir a ideia da inevitabilidade de seus efeitos sociais negativos. Em segundo, o reforço de laços sociais fundados na convergência de interesses ou valores, ao invés de tradicionais laços comunitários. Este elemento é parte de um segundo conjunto de reformas de fortalecimento da chamada "sociedade civil" – formulada como condição necessária e produto da nova ordem neoliberal.

O que interessa para o argumento desenvolvido neste livro são as reflexões produzidas no interior de um campo de questões que se abre em torno da abordagem do papel das instituições no comportamento dos atores sociais. Não interessa aqui lançar luz sobre os elementos divergentes ou convergentes entre as correntes teóricas, mas sobre os elementos que passam a fazer parte do cenário político por meio das controvérsias que tomam lugar a partir destas perspectivas analíticas sobre a condução das reformas neoliberais.

Foge aos limites deste trabalho discutir a influência das organizações multilaterais nas redes locais responsáveis pela difusão do ideário neoliberal, o que se pretende é mostrar como controvérsias internas ao neoliberalismo alcançam expressão internacional por meio da atuação tanto do Banco Mundial quanto das Nações Unidas. São questionamentos que aparecem imbricados entre o plano da teoria e as experimentações práticas em um movimento no qual, por vezes, a prática se distancia da teoria, por outras, a teoria é utilizada para justificar ou mesmo construir a plausibilidade das práticas. Em um primeiro momento, aparecem circunscritas no plano da teoria, mas logo adquirem expressão política nos documentos do Banco Mundial, no já citado Relatório de avaliação das reformas implementadas na África.[1] Trata-se de controvérsias em torno da melhor maneira de implementar as reformas neoliberais e, portanto, sua análise está localizada no

---

1 BM, *Sub-Saharan Africa*: from crisis to sustainable growth, 1989.

atravessamento dos planos analíticos discutidos por Cruz (2007), como já comentado: o plano da doutrina, o plano do movimento e o plano do conjunto das políticas implementadas. A divisão entre os três planos de análise é uma divisão formal a que se vale como referência a planos que se querem distintos temporal e espacialmente. Contudo, há atravessamentos constantes, mas a ideia da concorrência mercantil como princípio de regulação social (aspecto central do plano da doutrina) parece intacta, ainda que remodelada no encontro com a realidade prática.

## Controvérsias sobre o tema da governabilidade

A interpretação de Fiori (1995) sobre as mudanças no tratamento do tema da governabilidade é bastante elucidativa quanto à maneira como controvérsias no plano da teoria implicam o caminho seguido pela agenda internacional do desenvolvimento. A entrada deste tema na pragmática internacional relaciona-se à preocupação com a manutenção da estabilidade política que, como visto, aparece na década de 1960 em meio ao acirramento da Guerra Fria. Este tema entrou no debate acadêmico e político no momento de uma inflexão conservadora nas teorias da modernização. Nesse momento o "otimismo desenvolvimentista" dos anos 1950, que associava desenvolvimento econômico à construção democrática, deu lugar à reviravolta conservadora capitaneada por Samuel Huntington. Ele diagnosticava uma suposta crise democrática nos países industrializados e na periferia. A partir disso o tema da governabilidade passa a ocupar o centro das discussões políticas, uma vez que a manutenção da ordem implicava em tornar governável o foco de instabilidade política. O desdobramento prático desta virada teórica foi distinto nos países do centro e da periferia e está relacionado àquilo que é tomado como o foco de instabilidade. Nos países centrais, o foco da instabilidade foi diagnosticado como uma sobrecarga de demandas sociais que afetaria a governabilidade dos países; foi este diagnóstico que sustentou, mais tarde, a virada conservadora dos anos 1980. No caso da periferia, a instabilidade resultaria de uma suposta debilidade institucional em suas democracias. Este diagnóstico sustentou a instauração de regimes militares nos países africanos e latino-americanos nos anos 1960 e 1970 como meio de preservação da ordem – anos da Aliança para o Progresso (Fiori, 1995, p. 158). Em ambos os casos, as formulações davam respostas ao intuito de estabilizar as tensões do acirramento mundial nos conflitos sociais, tal qual discutido no primeiro capítulo.

A definição teórica da governabilidade se alterou durante estas décadas. A primeira alteração é dada pela escola da nova economia política fruto da união entre o neoliberalismo econômico de Hayek e a corrente do pensamento político que se inicia na teoria dos jogos, passa pela teoria da escolha racional e culmina na escola da escolha pública (*public choice*). Da mesma maneira que o pensamento de Huntington foi a base das reações antidemocráticas das décadas de 1960 e 1970, a nova economia política será o alicerce teórico do neoliberalismo do final do século XX. A emergência de teorias que buscam explicar o comportamento político e social com parâmetros econômicos está circunscrita ao campo de recomendações de práticas da livre concorrência de mercado na esfera da política. Estas recomendações aparecem no contexto do questionamento das medidas keynesianas de regulação social elaboradas já nos anos 1960, mas ganham força com as reformas do setor público no mundo anglo-saxão no final dos anos 1970. A abordagem econômica da política, base da nova economia política, aprofundou a metáfora schumpeteriana da política como um mercado e da fundamentação do comportamento do eleitor, das burocracias e da classe política dada pelo cálculo de interesses individuais e, ao fazê-lo, reduziu o Estado, os governos e o sistema político à soma de indivíduos que se orientam pela busca de seus interesses por meio do "acesso seletivo e do manejo arbitrário dos recursos e das políticas públicas". A conclusão, derivada deste raciocínio, foi que a democracia de massas do pós-guerra – e suas crescentes demandas por direitos que implicavam em gastos sociais públicos elevados – era responsável pela ingovernabilidade que acometeu os Estados na década de 1970, "decorrente do processo irracional, circular e expansivo que conduziu ao crescimento e crise fiscal dos Estados, assim como à instabilidade e crise das economias centrais (...)" (Fiori, 1997, p. 37). Na década de 1980, a agenda da governabilidade, orientada pela nova economia política, foi expressa nos termos da eliminação das atividades sob a regulação do Estado; o "Estado Mínimo" formulado por Robert Nozik[2] seria a versão limite desta estratégia (Fiori, 1995, p. 159).

No meio da década de 1980, o debate da governabilidade enfrenta uma nova virada teórica, formulada por Anthony Downs que fundara aquela abordagem econômica sobre a política no final dos anos 1950. A nova proposta de Downs, nesse momento, foi "uma autocrítica corretiva de sua visão inicial sobre a racionalidade da ação política" (Fiori, 1995, p. 159), o que originou as bases do que viria a se chamar de neo-institucionalismo. Para Fiori (1995), tratou-se apenas do enriquecimento, do ponto de vista normativo, da estratégia formulada pela teoria da escolha pública (*public choice*) que pregava a limitação das atividades estatais: Downs[3] redimensionou sua abordagem econômica do comporta-

---

2   Robert Nozick formula a expressão em seu livro *Anarchy, state and utopia* de 1974.
3   Anthony Downs em seu artigo "Social value and democracy", que integra o livro *The economic approach to politics*, editado por Kristen Monroe em 1991.

mento político, enfatizando a importância dos valores sociais no impacto do comportamento dos atores e das instituições políticas e econômicas. A estratégia neo-institucionalista para a governabilidade parte do ideal da possibilidade de alterar os comportamentos por meio da indução de valores pessoais e sociais.

Esta formulação do problema da governabilidade aparecerá na agenda do Banco Mundial e de outras organizações multilaterais nos anos 1990. Tratar-se-á de uma versão mais limitada da discussão dos anos anteriores e que aparece sob a forma da preocupação com a boa governança (*good governance*). Há aí um deslocamento conceitual na direção de conferir um maior detalhamento institucional do que seria este governo limitado, garantidor da governabilidade e, portanto, confiável para a "comunidade internacional", definido na década de 1980 por meio das reformas do setor público.

Pragmaticamente, governabilidade passou a ser definida como a capacidade dos governos alinharem as reformas orientadas para o mercado às condições institucionais capazes de estabilizar os agentes econômicos ao cumprimento destas reformas. A literatura que formulou este sentido para a governabilidade visava influenciar a ação do Banco Mundial nos países apoiados por seus programas de ajustamento e reformas estruturais. É o caso dos estudos comparativos realizados por cientistas políticos norte-americanos na segunda metade dos anos 1980 (Joan Nelson, *Fragile conditions: the politics of economic adjustment*, 1989; e Stephan Haggard e Robert Kaufman (org.), *The politics for economic adjustment*, 1992) que avaliavam as dificuldades e as condições políticas do programa de políticas econômicas implementadas na América Latina. Tratava-se de identificar os fatores internacionais e domésticos mais favoráveis à implementação das reformas econômicas: "fatores que vão do grau de apoio financeiro externo até os tipos de regimes políticos e partidários, passando pela análise das coalizões de sustentação dos distintos governos nacionais" (Fiori, 1996, p. 134-5).

Para a discussão que interessa aqui, a atenção se volta para o aspecto institucional atribuído por Fiori (1995) à pequena virada operada por Downs, em meados dos anos 1980, no debate sobre a governabilidade. Acredita-se que a entrada desses aspectos nas preocupações do Banco abriu caminho para a convergência anunciada anteriormente entre as formulações oficiais e as críticas a ela. Ainda que o Banco Mundial continue neoliberal e que o desenvolvimento continue formulado, no interior dessa organização, como resultado do comportamento do mercado, o ponto é que a autocrítica de Downs forneceu elementos para que a nova preocupação do Banco com as condições necessárias à melhor implementação das reformas neoliberais se aproximasse do argumento de autores que reivindicavam a centralidade do Estado no processo de desenvolvimento.

O momento da construção por Downs das bases do neo-institucionalismo, na segunda metade da década de 1980, é o mesmo momento, é importante notar, em que acontece o seminário entre economistas latino-americanos e economistas do *Institute for International Economics, think-tank* sediado em Washington, que marcaria a divulgação da agenda do Consenso de Washington. Havia, de um lado, economistas sintetizando o que transcorria e de outro, cientistas políticos elaborando questionamentos ao modo da implementação das reformas em curso. Os estudos dos cientistas políticos norte-americanos definiram um programa político informal de orientação da implementação daquelas reformas, ainda que não fosse um programa tão explícito nem tão consensual quanto a síntese de Williamson, de acordo com Fiori (1995). Este autor não estabelece um corte entre a síntese de Williamson e a definição neo-institucional destes autores, mas é possível afirmar que, como Cruz (2007) explicita ao comentar o início das reflexões no escritório africano do Banco Mundial que levariam à mudança de discurso da organização, tratava-se de um novo "passo corretivo" (Fiori, 1996) que se fará presente na academia e nas organizações multilaterais, no início da década de 1990: a versão de governabilidade mais limitada relacionada à capacidade dos governos implementarem as reformas liberalizantes. Governabilidade e reformas estruturais, nesse momento, começavam a ser definidas como condições circulares: "a governabilidade era condição das reformas como essas eram o caminho mais seguro para consolidar a própria governabilidade" (Fiori, 1995, p. 161).

As variações da ideia de governabilidade, desde a década de 1960 até a década de 1990, que "ora apontaram para 'condições sistêmicas de exercício eficiente do poder', tão gerais quanto infinitas, ora desceram à discussão da 'boa maneira de gerir os recursos públicos', tão detalhada que praticamente torna impossível qualquer aspiração de validez universal" (Fiori, 1997, p. 39), expressam, do ponto de vista teórico, a delimitação de um campo relativamente aberto de sentidos. A governabilidade funciona como uma "categoria estratégica" que serve à garantia da estabilidade da ordem político-econômica e que é formulada teoricamente em resposta ao contexto específico de cada momento: nos anos 1960, prescreveu a restrição das "demandas democráticas", eliminando demandas e atores sociais e políticos, nos anos 1980, prescreveu a redução do papel do Estado e a desregulamentação dos mercados e, nos anos 1990, a elaboração de um programa de "homogeneização internacional das políticas econômicas de corte liberal-conservador" (1995, p. 161).[4] O que há em comum entre estas diferentes acepções

---

4   A homogeneização das políticas econômicas é um aspecto central da glo-

da estratégia da governabilidade é a definição do que é governável porque "dócil e obediente" (Fiori, 1997, p. 39).

Fiori (1996) cita ainda outras dimensões que vieram "corrigir" a reflexão conceitual e prática sobre o ajuste das economias nesta época (final de 1980, início de 1990). De um lado, a preocupação do Banco Mundial expressa em seus programas *pro-poor* – que culminara na publicação do Relatório sobre o Desenvolvimento Mundial de 1990 dedicado à pobreza – evoluiu em um sentido mais estratégico e de longo prazo que alcança expressão na publicação, em 1987, de um Relatório pelo Unicef que traz a ideia de que o ajuste estrutural adotasse uma face humana (em dois volumes) – *Adjustment with Human Face* – e, em 1993, na conferência e no documento "Reforma social e pobreza" organizado e publicado em conjunto pelo BID e pelo PNUD. Fiori destaca o papel desempenhado aqui por aquela investigação acadêmica comparada sobre os impactos sociais e os rumos institucionais do ajuste. É importante situar esta "virada" para uma face mais

---

balização financeira e marca uma importante diferença entre a ordem internacional do pós-guerra e a ordem internacional que é conformada pelo neoliberalismo. Miriam Limoeiro Cardoso (1999) formulou esta diferença na oposição entre a ideologia do desenvolvimento e a ideologia da globalização. A primeira é formulada no contexto do pós-guerra de afirmação da hegemonia econômica e política dos Estados Unidos e do deslocamento de sua atenção para a periferia capitalista. Esta atenção conferia, contudo, certa "liberdade" para os países do terceiro mundo formularem seus modelos de desenvolvimento de acordo com suas "demandas, objetivos e especificidades (tivemos o padrão centrado nas exportações ou na substituição de importações, com o foco na indústria pesada, leve, nos bens com potencial tecnológico)" (Costa, 2008, p. 228, comentando Cruz, 2007). Já a ideologia da globalização, que emerge na década de 1980, marca um cenário internacional homogeneizado pelas forças do mercado e pela ideologia do pensamento único (Cardoso, 1999, p. 97). "(...) a ordem neoliberal alimenta-se da crise e busca a homogeneização de padrões e o enquadramento dos países periféricos em um mesmo conjunto de normas, regras e princípios, independentemente de suas particularidades" (Costa, 2008, p. 228).

humana no ajuste, no contexto de acirramento de tensões no plano internacional no qual as agências das Nações Unidas desempenharam importante papel na vocalização de críticas dirigidas aos efeitos sociais das reformas econômicas da década de 1980. Havia uma grande mobilização em vários países e que contavam com expressão internacional por meio de ONGs e destas agências da ONU (dentre as quais, destaca-se o Unicef, o PNUMA e o PNUD). Não por acaso, os primeiros anos da década de 1990 foram palco de Conferências das Nações Unidas que tematizaram alguns dos aspectos impactados pelas reformas. Estas conferências ficaram conhecidas como o Ciclo Social de Conferências da ONU e serão objeto de discussão mais a frente neste texto, já que se trata exatamente de um ponto central na convergência entre estas críticas e a modulação na agenda do Banco Mundial da década de 1990 que se expressará nos termos de uma nova doutrina – boa governança (*good governance*) e de um novo consenso – consenso das oportunidades.

Outra dimensão discutida por Fiori (1996) está relacionada à revisão crítica das experiências de crescimento econômico nos anos 1970 e 1980 que levaram ao refinamento das medidas do ajuste, sinalizando a necessidade de uma "seqüência adequada" para as reformas: as medidas de estabilização e de ajuste fiscal são apresentadas, a partir desta revisão, como prioritárias para qualquer medida liberalizante. Tratava-se da definição política de que havia uma hierarquização dos objetivos e meios prioritários para alcançá-los (Fiori, 1996, p. 134). Novamente aqui, a ideia de que na década de 1990, a ordem internacional se consolida pela tendência à homogeneização das metas para o desenvolvimento. A expressão desta questão nos documentos do Banco Mundial e do BID aparece na preocupação com "as condições institucionais indispensáveis à estabilização dos contratos e das expectativas, e à implementação consistente e sustentada de programas de governo, como é o caso das políticas de ajuste e liberalização econômicas" (Fiori, 1996, p. 134).

Uma vez mais, o mesmo *think tank* (*Institute for International Economics*) em torno do qual a síntese do Consenso de Washington fora formulada, organiza um seminário, em meados de janeiro de 1993 – entre executivos de governos, dos bancos multilaterais e de empresas privadas com representantes de países da Ásia, África e América Latina – no qual se discutiram "'as circunstâncias mais favoráveis e as regras de ação que poderiam ajudar um *technopol*[5] a obter o apoio político que lhe permitisse levar a cabo com sucesso'" as reformas do Consenso de Washington. Nesse seminário está presente a discussão do sequenciamento das políticas do ajuste por meio da divisão em três etapas: 1-estabilização macroeconômica (prioridade de superávit fiscal primário e reestruturação dos sistemas de previdência pública); 2-"reformas estruturais" consagradas pelo Banco Mundial (liberação financeira e comercial, desregulamentação dos mercados e privatização das empresas estatais); e 3-retomada dos investimentos e do crescimento econômico (Fiori, 1997, p. 12).

Ainda nos anos 1980, houvera uma primeira modulação na agenda das reformas como resposta ao fracasso das políticas monetaristas de estabilização e assistiu-se à introdução do "fator credibilidade" como critério ao combate à inflação. Nos anos 1990, a modulação apontou a importância de um novo critério, o "fator poder político", para o sucesso ou fracasso daquele programa eco-

---

5 Termo utilizado por Williamson em alusão à união entre as funções de tecnocratas e de políticos, para designar os economistas nacionais afinados com o *mainstream* internacional e com capacidade política de implementar, em seus países, a agenda de reformas neoliberais, que obtiveram consenso em Washington.

nômico – ou seja, para que as reformas obtivessem credibilidade, governos com autoridade centralizada e forte eram necessários. É a percepção quanto ao problema político que explica não apenas a realização desse seminário em 1993, como a presença nesse encontro dos cientistas políticos norte-americanos, Joan Nelson e Stephan Haggard, responsáveis pela elaboração do já comentado estudo (meados dos anos 1980) comparativo sobre as condições políticas da implementação das reformas liberalizantes. O seminário de 1993 visava exatamente levar à frente as conclusões apresentadas nesse estudo acerca da necessidade da autoridade política para o sucesso na implementação das reformas. Para tanto, novamente, John Williamson apresentou um documento introdutório ao debate: "Search of a Manual for Technopols", que continha uma síntese das perguntas e hipóteses centrais levantadas por aqueles cientistas políticos para as dificuldades enfrentadas em cada etapa do plano de ajuste e as diferentes respostas dadas pelos países analisados.

O reconhecimento, no estudo de Williamson, de que as reformas produziram desastres sociais e econômicos é apresentado como questão a ser resolvida para que as reformas adquiram credibilidade diante das populações nacionais. E a sugestão é a constituição de "táticas ou artifícios políticos" (Fiori, 1997, p. 13) capazes de convencer essas populações da inevitabilidade das reformas.[6] Fiori não avança muito aqui sobre quais são as táticas mobilizadas para sustentar a legitimidade política das reformas

---

6 Os termos utilizados por Fiori não são exatamente estes, o autor analisa a formação de uma coalizão político-eleitoral (época do Plano Real, no Brasil) capaz de sustentar as reformas neoliberais. Em suas palavras, o documento de Williamson "sugere várias táticas ou artifícios políticos capazes de fazer *os eleitores aceitarem os desastres sociais* provocados em todo lugar pelo programa neoliberal *como sendo transitórios ou necessários em nome de um bem maior e de longo prazo*" (1997, p. 13, *grifo meu*).

neoliberais, mas é possível perceber ecos desta questão na literatura que analisa as reformas sociais prescritas pelo Banco na década de 1990, em especial em trabalhos que versam sobre a reforma na política educacional (Neves, 2005; Borges, 2003; Leher, 1998).

A virada que interessa ao argumento deste livro é a maneira pela qual a administração dos potenciais conflitos passa a ser formulada por esta estratégia de sustentação política das reformas que marca a consolidação da doutrina da governança (*governance*) na agenda do Banco Mundial. Os elementos desta estratégia adquirem maior nitidez no decorrer dos anos 1990, mas já estão presentes no momento em que o "fator poder político" é indicado como critério para a avaliação do desempenho das reformas do ajuste. Como já foi explicitado no primeiro capítulo, entende-se que a agenda de desenvolvimento do Banco Mundial contou sempre com a preocupação de estabilizar potenciais conflitos; mas há uma novidade no retorno do discurso social em sua agenda – que se faz juntamente à elaboração desta nova doutrina – que tem relação com os desdobramentos das primeiras reformas (econômicas) do ajuste. Mas antes de explorar esta novidade, é importante entender os termos da doutrina que prescreveu a sustentação política das reformas.

## O nascimento da doutrina da boa governança

Os debates internos em torno dos aspectos políticos do desenvolvimento na agenda do Banco Mundial aconteceram em um ambiente organizacional "mais arejado" que seguiu à presidência de W. Clausen (1981-86), cuja gestão foi marcada pelo predomínio de um enfoque estritamente econômico e fiscal na maneira de lidar com o desenvolvimento da periferia (Cruz, 2007) e que fora fixado politicamente sob o enunciado do Consenso de Washington (1989). O percurso da consolidação desse enfoque mais político se deu entre a expressão de controvérsias internas em alguns documentos (o Relatório africano de 1989) e as reformas batizadas de segunda geração.

A análise das formulações do Banco Mundial é extremamente difícil dada a amplitude por meio da qual suas ideias vêm à público. Além dos muitos Relatórios e artigos (*papers*), há também outros tantos artigos e livros que influenciam explicita e implicitamente tais formulações – aqui, a pesquisa torna-se ainda mais difícil. A análise de fatores internos que certamente influenciam suas agendas é outra dificuldade, pois não só se trata de uma organização extremamente fechada, como as diferenças internas entre seus escritórios tornam uma análise como esta uma tarefa para uma grande equipe de pesquisadores, o que foge ao escopo deste trabalho. Estas diferenças existem, também, entre consultores e pesquisadores que elaboram, em algum momento, Relatórios e artigos (*papers*) como subsídios para estas formulações. Como discutido no primeiro capítulo, todavia, acredita-se que esta diversidade tenha um propósito claro: servir à formação de um julgamento quanto às supostas qualidades de eficiência, neutralidade e objetividade das posições do Banco Mundial que são tomadas como verdade; ao mesmo tempo em que servem às modulações operadas no seu discurso em resposta às transformações práticas. Não se pretende, aqui, realizar uma análise sobre esta diversidade, mas sobre a posição "oficial" do Banco Mundial, tomada a partir da análise de alguns documentos e de outros trabalhos já realizados sobre o tema.

No caso aqui em questão, Williams e Young (1994) trazem dois elementos que ajudam a entender a emergência da nova doutrina da boa governança do ponto de vista das relações internas ao Banco. De um lado, apontam o declínio da importância da Equipe de Pesquisa Econômica (*Economic Research Staff*) que até 1987 ocupara uma posição central nas definições das linhas de atuação do Banco sob a ortodoxia mais fiscalista. O Banco, a partir de então, tornou-se mais aberto à influência externa e passou a adotar um estilo mais consensual. Como será discutido mais a frente, a busca do consenso político em torno das reformas do ajuste será uma tônica da nova doutrina. O outro elemento, um pouco anterior (1985), foi a incorporação do Instituto de Desenvolvimento Econômico (*Economic Development Institute* que, em 2000, passaria a chamar-se *World Bank Institute*) ao complexo de operações do Banco e que contou com o acréscimo de seus recursos para realizar ações na área da construção de capacidades (*capacity building*): construção de capacidades nacionais para a gestão econômica, reformas políticas e treinamento de pessoal; orientação que refletiu em programas realizados na África, como o "*African Capacity Building Program*". Em 1986, este Instituto organizou um conjunto de seminários que tinha como tema os constrangimentos políticos ao ajuste estrutural enfrentados nos países da África subsaariana e seguiu produzindo Relatórios e artigos (*papers*) sobre o tema. A área africana desempenhou grande influência no deslocamento do Banco Mundial para esta nova doutrina ainda que, segundo esses autores, os movimentos que o levaram à adoção desta posição não sejam muito claros já que é difícil estudar com precisão suas dinâmicas internas e dimensionar o espaço de tempo que demorou para que as ideias sobre a governança passassem a prescrever as operações práticas da organização (1994, p. 90-1).

De qualquer maneira, a exemplo das reformas mais fiscalistas sintetizadas por Williamson (1990), aconteceu a tradução prática do novo desafio para o desenvolvimento em outro conjunto de reformas:

> geração de novas capacidades administrativas e regulatórias (montagem ou modernização de sistemas de coleta e tratamento de informações estatísticas, por exemplo); criação de dispositivos legais visando a reforçar a disciplina fiscal, incentivar o profissionalismo na administração pública e punir a utilização da mesma para fins de enriquecimento pessoal (a 'transparência' como prioridade); mudanças no sistema judiciário com vistas a torná-lo mais eficiente, de mais fácil acesso e mais impessoal; por fim, o reforço da 'sociedade civil' (...) (Cruz, 2007, p. 76).

O que estava em jogo era a passagem da crítica negativa à intervenção do Estado a uma preocupação positiva em relação aos aspectos políticos do desenvolvimento. Estes adquirem expressão na prescrição quanto a uma atuação propositiva do governo na "geração de novas capacidades", na "criação de dispositivos legais", nas "mudanças no sistema judiciário" e no "reforço da sociedade civil". Trata-se do que Annik Osmont[7] resumiu muito bem sobre a nova doutrina: menos Estado e mais governo (registrado em Arantes, 2004, p. 89). O Banco percebeu que a implementação daquelas reformas econômicas dependia da aquisição de um consenso político interno aos países em torno da sua importância. É a isto que Fiori se refere ao comentar a necessidade da criação de um consenso político-eleitoral que desse sustentação às reformas e que passava pela construção da ideia da inevitabilidade das mesmas (Fiori, 1997).

Na literatura brasileira, é interessante notar que a origem do termo *governance* é atribuída a esta formulação mais recente do Banco Mundial (Diniz, 2000; Borges, 2003; Cruz, 2007) e está fortemente vinculada aos debates em torno da reforma do Estado

---

7   Annik Osmont. *La Banque mondiale et les villes: du développement à l'ajustement*. Paris: Karthala, 1995.

(Souza e Carvalho, 1999; Pereira, 1998) – ponto central da boa governança, segundo o Banco Mundial. Mas, como será discutido mais a frente, porque importa para os desdobramentos alcançados na gestão da pobreza a partir de então, a origem do termo *governance* remonta à modernização gerencial a partir dos anos 1970 no mundo anglo-saxão (Grün, 2007 e 2005) e é incorporada ao discurso do Banco Mundial apenas no início da década de 1990. A referência para análises nacionais é o trabalho de Eli Diniz (2000) que atribui a origem do termo a uma suposta inflexão na agenda do Banco Mundial em direção à preocupação com a atuação do Estado – ou, melhor, com a capacidade de governar. O termo indicaria que o modo do exercício do poder estatal estaria sendo levado em conta na agenda do Banco Mundial, sugerindo um distanciamento dos marcos ortodoxos que orientaram a agenda do Banco e do FMI, na década de 1980.

Conforme Cruz (2007) registra, o distanciamento das formulações mais ortodoxas está presente na diferença de tom entre o Relatório *Accelerated Development in Sub-Saharan Africa: an agenda for action* (o Relatório Berg) de 1981, no qual a agenda para o desenvolvimento na África é formulada por meio de uma crítica marcante ao intervencionismo estatal; e o Relatório *Sub-saharan Africa: from crisis to sustainable growth* de 1989, no qual a preocupação com os aspectos políticos do desenvolvimento aparece pela primeira vez nos documentos do Banco Mundial (Diniz, 2000; Williams e Young, 1994, BM, 1991). A referência se faz à indicação de que uma "crise de governança" seria a chave explicativa para os problemas enfrentados na implementação das reformas econômicas nos países africanos.

Ainda que os termos da boa governança só viessem a ser mais bem detalhados em documentos seguintes, na formulação da "crise de governança" já é possível constatar um deslocamento da antiga formulação neo-utilitarista do comportamento do burocrata estatal. O problema continua sendo diagnosticado no Estado, porém, agora, trata-se de uma ausência institucional e não mais da natureza do comportamento dos agentes, como antes. A virada é bastante sutil e se refere ao maior detalhamento institucional do que deveria ser o governo limitado prescrito pelo Banco Mundial (Fiori, 1995). Governança é definida como o exercício do poder político para gerir os negócios da nação e a crise a que se refere o Relatório é consequência da falta de "um poder de contrapeso" que não controla a ação individual voltada a seu interesse próprio e, "como resultado, os indivíduos deixam de pressionar a prestação de contas do Estado" (BM, 1989, p. 60). O poder se torna personalista e o "caciquismo" (*patronage*), essencial para sua manutenção. O Relatório continua descrevendo o que seria a tendência de um poder político no qual estão ausentes as condições essenciais à manutenção de uma economia dinâmica: uma autoridade discricionária no lugar de legítima, o controle excessivo das informações, e a cooptação das associações civis voluntárias; e finalmente delineia alguns aspectos[8] para o bom desempenho econômico, exemplificados nos casos de sucesso de Botsuana e das Ilhas Maurícius (BM, 1989, p. 61).

---

8   Dentre estes aspectos, estão o papel desempenhado pelas organizações intermediárias (como o *National Christian Council of Kenya*) e pelas preocupações locais ("*voice local concerns*") – que se expressam por meio das organizações locais que compõem a "sociedade civil" – em fornecer novas ideias para as políticas e em exercer pressão sobre o poder público para maior prestação de contas (*accountability*) e para o melhor desempenho econômico. A corrupção aparece, também, como um problema a ser solucionado por meio de novas instituições: a eliminação de controles desnecessários, a criação de procedimentos de intervenção transparentes, a realização e publicação de auditorias; além da ênfase sobre o dever das agências internacionais de ajuda ao desenvolvimento em exigir o cumprimento destes procedimentos de boa governança nos países receptores (BM, 1989).

O deslocamento da posição neo-utilitarista de apreensão do comportamento estatal é analisado por Evans (1998) na comparação de dois trabalhos de Robert Bates sobre o desenvolvimento nos países africanos que compreendem o mesmo período dos dois Relatórios do escritório regional do Banco Mundial comentados por Cruz (2007) – 1981 e 1989, respectivamente –, o que sugere a relação entre as análises de Bates e as análises do Banco. Evans dialoga com uma revisão operada pela literatura neo-institucionalista sobre pressupostos neoclássicos que, na sua visão, teria influenciado a agenda do Banco. No caso que interessa aqui, trata-se da comparação entre dois livros de Bates: o primeiro - *Markets and States in Tropical Africa*, de 1981;[9] em que o autor analisa o uso, pelo Estado, de instrumentos de controle econômico para benefício próprio das burocracias estatais; e o segundo – *Beyond the Miracle of the Market*, 1989; em que ele discute a intervenção da burocracia estatal em outros termos, apontando seu papel em assegurar um padrão de qualidade no setor de exportação agrícola desses países:

> O monitoramento e o controle dos insumos produtivos pelo Estado revelaram-se a melhor maneira de assegurar o padrão de qualidade para exportação, e as restrições administrativas impostas foram a melhor forma de capturar economias de escala em processamento (Bates, 1989, p. 75-81[10] citado em Evans, 1998, p. 69). Neste caso, em vez de se constituir em inimigo da produção

---

9   Segundo Arrighi (2006), este livro tornou-se um clássico da nova economia política e da constatação dos perigos da intervenção do Estado em países subdesenvolvidos.
10  Robert Bates, *Beyond the Miracle of the Market: the political economy of agrarian development in Kenya*. Cambridge: Cambridge Unverty Press, 1989.

agrícola, a intervenção estatal permitiu o seu desenvolvimento (Evans, 1998, p. 69).

O ponto não é o retorno à concepção do Estado como o principal indutor do desenvolvimento (Estado desenvolvimentista), mas a ideia de que cabe ao Estado um papel de parceiro da iniciativa privada. Por meio do estudo empírico do caso do Quênia, segundo Evans, o que Bates conclui é que o Estado pode ser um elemento crucial ao desenvolvimento quando aliado aos interesses estratégicos dos grupos de interesse privados do país.

Apenas o diagnóstico do fracasso das reformas fiscalistas da década de 1980 – formulado pela ideia de uma crise da capacidade governativa – não seria suficiente para explicar a modulação na agenda do Banco Mundial para esta nova doutrina. Como mais um elemento deste campo de controvérsias, esta revisão neo-institucionalista foi empreendida por meio de estudos empíricos que sugeriam caminhos alternativos disponíveis à condução do ajuste. Foi o caso, também, das análises sobre as experiências de crescimento econômico nos países do leste asiático. Tratou-se de pesquisas realizadas a partir da segunda metade da década de 1980 em torno da industrialização tardia (pós-guerra) no leste asiático que se contrapuseram à preponderância exclusiva das regras de mercado como princípio de ordenação social e demonstraram casos de sucesso econômico relacionados a arranjos institucionais entre setores da burocracia estatal e setores do empresariado local. Para Eli Diniz (2000), estas pesquisas corroboravam a ideia da existência de "formas não-predatórias" de articulação entre Estado e empresariado, na contramão do argumento neo-utilitarista que endossara as recomendações de um lado, para o isolamento da burocracia estatal dos interesses corporativos, e de outro, para a transferência ao mercado de atividades estatais, porque mais eficientes. As pesquisas de Alice Amsden[11] sobre a Coreia do Sul e de Robert Wade[12] sobre Taiwan são os trabalhos de referência.

Segundo Diniz (2000), Peter Evans[13] elaborou a noção "autonomia inserida" para explicar a atuação do Estado nas experiências do leste asiático:

> Essa noção abarca um complexo de fatores, combinando a independência do Estado em face de interesses de caráter particular com a capacidade de inserção na sociedade, configurando um Estado ativo, com forte poder regulatório e alta capacidade de fazer valer suas decisões, garantindo, ao mesmo tempo, o necessário respaldo político para implementar a agenda pública. A análise feita por Evans aponta para a importância de se levar em conta o exame da estrutura interna do Estado, aliado ao estudo do caráter da articulação Estado-sociedade. Desse ponto de vista, se é necessário implantar uma burocracia autônoma e meritocrática para assegurar um crescimento acelerado, não menos relevante é a construção de sólidas conexões com os atores privados estratégicos, responsáveis pela sustentação política de projetos de transformação produtiva (Diniz, 2000, p. 62).

O argumento da "autonomia inserida" é ilustrado a partir da discussão de agências que foram estratégicas nos casos do Japão, da Coreia do Sul e de Taiwan.[14]

---

11 Alice Amsden, *Asia's next giant. South Korea and late industrialization*, 1989.

12 Robert Wade, *Governing the Market: Economic theory ant the role of government in East Asian industrializarion*, 1990.

13 "The State as a problem and solution: predation, embedded autonomy and structural change" In: Haggard, S & Kaufman, R, (Eds.). *The political of economic adjustment: international constrains, distributive conflicts and the State*, 1992, p. 152-166.

14 No Japão, o Ministério do Comércio Internacional e da Indústria – Miti;

Para além das diferentes interpretações sobre a revisão neo-institucionalista; de um lado, autores que consideram que essas revisões tiveram impacto na agenda internacional do desenvolvimento por meio da abertura de um horizonte possível de disputas políticas (Diniz, 2000; Evans, 1998), de outro, autores para quem essas revisões não tiveram implicação na atuação operacional do Banco Mundial (Singh, 1994), o fato é que elas contribuíram com a modulação em sua agenda na conformação da doutrina da boa governança ao apresentar outro repertório de estratégias para a condução das reformas econômicas. E esta contribuição é observada na afirmação de Rodrik ao analisar retrospectivamente a abertura de espaço nos círculos ortodoxos à alternativas de políticas de desenvolvimento: "(...) o simples fato de que tais visões tenham sido formuladas numa publicação oficial do Banco Mundial é indicativo da natureza cambiante do debate e do espaço que está se abrindo, no interior de círculos ortodoxos, para visões alternativas de política de desenvolvimento" (Rodrik, 2006, p. 8).

Williams e Young relatam o caminho percorrido pela influência acadêmica na virada para esta doutrina em dois planos. Primeiro, no plano mais geral da interferência no ambiente operacional do Banco, citam a influência de alguns artigos (*papers*) na preparação do Relatório de 1989 que abordaram dois temas ausentes até então nos trabalhos da organização: o tema do respeito às raízes locais africanas – "*respecting Africa's indigenous roots in attempting to built its future*"– e o foco na "sociedade civil" – que se volta, sobretudo, para os setores da economia informal, para as organizações de base (*grassroots organizations*) e para as ON-

---

na Coréia do Sul, o Departamento de Planejamento Econômico – DPE; e em Taiwan, o Conselho de Planejamento e Desenvolvimento Econômico – CPDE e o Departamento de Desenvolvimento Industrial do Ministério de Assuntos Econômicos – DDI.

Gs.[15] No caso da atenção crescente ao tema da sociedade civil nos textos sobre governança, os autores sugerem uma relação parcial com o interesse acadêmico sobre esta questão a partir de meados dos anos 1980. O segundo plano de influência consistiu na elaboração de um quadro de interpretação dos problemas africanos a partir de elementos da nova economia política. A influência dos postulados da teoria da escolha pública e sua virada institucional já foram discutidas neste texto. Novamente, os autores apontam a necessidade de pesquisas futuras para avaliar exatamente a maneira pela qual a nova economia política influenciou o pensamento do Banco Mundial, mas sustentam que tanto a expressão das dificuldades enfrentadas na África no documento do Banco quanto as soluções para estes problemas foram orientados por elementos daquela perspectiva teórica. As ideias de que os indivíduos agem em busca de seus interesses próprios e de que a máquina pública é apropriada pela elite para servir a seus fins específicos orientaram as prescrições do Banco por maior *accountability* e maior transparência nas ações políticas (1994, p. 91-2).

A formulação da "crise de governança" era a primeira menção àquilo que o Banco Mundial, rapidamente, nos anos seguintes, formularia como sua nova agenda para o desenvolvimento. Esta agenda ganharia corpo tão somente em meados da década no contexto do levante zapatista e na crise mexicana de 1994 e da crise asiática de 1997-98. Ainda que alguns autores diferenciem momentos da agenda do Banco Mundial na década de 1990 entre uma abordagem mais institucional e outra mais focalizada na redução da pobreza (Rodrik, 2006; Stiglitz, 2002), entende-se

---

15 Os artigos (*papers*) que serviram de base para o Relatório foram posteriormente publicados pelo Banco Mundial em quatro volumes organizados sob o título *The long-term perspective study of Sub-saharan Africa*, 1990 (Williams e Young, 1994, p. 91).

aqui que, novamente, se trata de modulações de uma mesma estratégia[16] cuja alteração responde às especificidades conflituosas de cada momento.

A doutrina da governança é composta por três grandes estratégias que se relacionam entre si: construção institucional (*institucional building*), boa governança (*good governance*) e redução da pobreza (*poverty reduction*). As diferenças entre elas se relacionam com sua inserção no Banco Mundial e, também, quanto à aceitação dos países doadores de seus termos, em especial os Estados Unidos.[17] A história do deslocamento da visão mais estritamente financista para uma preocupação com os aspectos políticos do desenvolvimento é a história da construção de um novo consenso mundial sobre o desenvolvimento de extração mais humana e social e que, por meio desta nova orientação, tem sido capaz de aprofundar os nexos mercantis para esferas da vida até então desmercantilizadas.

O Banco Mundial reconhece no Relatório africano de 1989 que políticas macroeconômicas sadias e uma infra-estrutura eficiente – elementos centrais no Consenso de Washington – ainda que importantes para garantir um ambiente favorável (*enabling*

---

16 Como o então presidente do Banco, Barber B. Conable, afirma na apresentação do Relatório africano de 1989: "Os esforços de ajuste devem ser continuados, e as reformas ampliadas e aprofundadas. A jornada será longa e difícil, e medidas especiais são necessárias para reduzir a pobreza e proteger os vulneráveis" (BM, 1989, p. XI).

17 Ainda que a influência do governo dos Estados Unidos seja grande nas decisões do Banco Mundial, o Banco se consolida como um importante centro de formulação de políticas para além das posições dos países centrais após a crise econômica nestes países centrais na década de 1970 e na periferia na década seguinte (1980) (Gimenez, 2007, p. 64). Este aspecto foi mais bem explorado no capítulo 1. Os caminhos da nova agenda para o desenvolvimento expressam conflitos e entraves da relação entre o Banco, que adquirira maior importância enquanto *lócus* de formulação, e os interesses internos americanos.

*enviroment*) ao crescimento econômico, não eram suficientes para transformar a estrutura das economias africanas, o que por sua vez, era a chave da competitividade destas economias no mundo global. Segundo o Banco, portanto, a construção de capacidades – *"efforts are needed to build African capabilities"* – viria a conjugar esforços a estes dois outros elementos (as políticas macroeconômicas e a eficiência na infra-estrutura). Construir capacidades (*building capacity*), neste momento, significava garantir maior produtividade à economia por meio do aumento da produtividade das pessoas, alcançada por meio da promoção de capital humano – população mais bem treinada e com mais saúde – e do fortalecimento de um quadro institucional favorável ao desenvolvimento via criação de um novo arranjo institucional para burocracia pública (BM, 1989, p. xii). Dividida em três elementos: o desenvolvimento humano (provisão de saúde básica, educação, nutrição, e habilidades técnicas), a reestruturação das instituições públicas e privadas e o aperfeiçoamento institucional; a ideia da construção de capacidades, nesse Relatório, é basicamente definida pelos termos do aumento da produtividade das economias (BM, 1989, p. 54).

Ao longo da década de 1990, a ideia das capacidades sofre uma "virada teórica" no encontro com as formulações de Amartya Sen (2000 e 1993) que, por sua vez, já eram mobilizadas criticamente pelas agências das Nações Unidas à avaliação do desenvolvimento a partir de parâmetros de renda e de consumo do primeiro mundo – oficialmente desde a publicação do primeiro Relatório do Desenvolvimento Humano em 1990. Esta discussão será objeto de análise no próximo capítulo, mas para a sequência do argumento em curso aqui é importante precisar a diferença entre as duas abordagens. A abordagem das capacidades presente no Relatório de 1989 do Banco Mundial traz o fundamento da teoria do capital humano elaborada pelos economistas da Escola de Chicago na década de 1960, cuja ênfase para explicar o aumento da produção é retomada pelas análises empíricas do crescimento econômico no leste asiático.

A novidade trazida pela retomada da teoria do capital humano no seio das elaborações sobre o desenvolvimento, segundo Sen, foi colocar o homem no centro deste processo. Para esta literatura, o ser humano é visto a partir da perspectiva do aumento da produção, perspectiva questionada por Sen com a formulação do desenvolvimento como um processo de expansão de liberdades. Para ele, a capacidade humana é a expressão da liberdade e significa o potencial que as pessoas têm para decidir sobre a vida que elas querem ter – "potencial (...) das pessoas para levar a vida que elas têm razão para valorizar e para melhorar as escolhas reais que elas possuem" (Sen, 2000, p. 332). Ainda que ele atribua a essa teoria o mérito de tratar "a qualidade produtiva dos seres humanos", comenta que a perspectiva que subjaz à abordagem do capital humano define o homem apenas a partir das qualidades que podem ser empregadas como capital – perspectiva que avalia indiretamente o potencial inerente ao ser humano de fazer (ou ser) aquilo que deseja. Sen reivindica para sua abordagem, por outro lado e de modo decisivo para as formulações seguintes do desenvolvimento, uma apreensão mais abrangente do homem na medida em que abarca tanto a definição das qualidades empregadas no aumento da produção como qualidades que possam "enriquecer diretamente a vida, tornado, por exemplo, uma pessoa bem nutrida ou sadia" (p. 332). É esta abordagem das capacidades humanas que adquire destaque ao longo dos desdobramentos da doutrina da governança na década de 1990.

A reivindicação de que o homem ocupa o centro do desenvolvimento já era formulada tanto pela teoria do capital humano como pela abordagem de Amartya Sen que encontraria tradução em documentos das Nações Unidas. É diante deste cenário, no qual a defesa por uma abordagem "mais humana" ocupava dois pólos do debate internacional sobre o desenvolvimento – o Banco Mundial e a ONU –, que o presidente do Banco (Barber Conable), já na apresentação do Relatório de 1989, endossa o chamado das Nações Unidas (Unicef e comissão econômica das Nações Unidas para a África) para uma estratégia de desenvolvimento que estivesse centrada no homem: "o relatório apoia fortemente o chamado pela estratégia de desenvolvimento centrada no ser humano desenvolvida pela ECA [United Nations Economic Commission for Africa] e pela Unicef [chamado presente no já comentado Relatório do Unicef que exigia um desenvolvimento com face humana]" (BM, 1989, p. XII).

É, contudo, apenas no *Discussion Paper* de agosto de 1991: *Managing development: The governance dimension* que se dá o primeiro registro da discussão em torno do tema da governança entre os membros executivos da diretoria do Banco Mundial (BM, 1991); tema até então restrito ao escritório africano. Neste *Paper*, além de apontar a existência de esforços já em curso em outras partes do Banco, o documento detalha o quadro (*framework*) capaz de englobar tais esforços. O que parece estar sugerido aqui é que este documento, ainda que não seja o primeiro Relatório mais formal do Banco Mundial sobre o tema – que viria a aparecer em abril de 1992 (*Governance and development*) e que não por acaso se reporta à este *Paper* (BM, 1992) –, buscava apresentar para fora da organização os novos termos da governança como uma questão já apropriada internamente, mas sempre em processo de re-elaboração de acordo com o andamento dos projetos implementados nos países.

O Banco Mundial sugere que os problemas da governança eram antigos, mas estiveram escondidos durante o período de crescimento econômico entre 1965-80. As rápidas mudanças em curso a partir dos anos 1980 teriam explicitado tais problemas em função do uso ineficiente que fora feito pelos governos dos países do terceiro mundo dos recursos para o desenvolvimento. Essa ineficiência seria a causa do retardamento dos ajustes necessários nessas economias. No argumento do Banco, a desaceleração das economias e a escassez de recursos teriam sido responsáveis por explicitar a ausência de um ambiente político saudável para a efetivação dos investimentos. As reformas do ajuste estrutural teriam objetivado indiretamente tais problemas por meio da defesa da redução da intervenção governamental na economia (via diminuição de incentivos fiscais) e do incentivo ao uso eficiente dos recursos públicos (via redução do déficit fiscal). É importante lembrar que reformas de ajuste eram prescritas pelo Banco desde a década de 1970. Este documento de 1991 enfatiza que o Banco percebera a hora para uma atuação direta sobre tais problemas (problemas de natureza política), ao constatar que se tratavam da chave explicativa para as dificuldades enfrentadas na África subsaariana (BM, 1991).

A despeito da existência de alguns avanços (o documento não cita quais) na construção do ambiente político favorável aos negócios, o documento frisa a necessidade do aperfeiçoamento de um quadro institucional para a gestão do desenvolvimento. As justificativas eram os bloqueios ao desenvolvimento em função da corrupção dos governos, da ineficiência no uso de recursos públicos e dos impedimentos ao crescimento do setor privado. O tal quadro institucional compreenderia as habilidades dos governos em criar consensos políticos em torno das reformas. As questões da governança relevantes ao mandato do Banco Mundial seriam as ligadas à manutenção da boa ordem e da disciplina na gestão dos recursos de um país, o que implicaria a existência de regras e instituições. Nos termos deste documento, as áreas nas quais o Banco deveria atuar eram: a reforma do setor público, a previsibilidade e o quadro legal para o desenvolvimento, a garantia de *accountability* dos fundos públicos, a disciplina orçamentária, e a garantia de informação e transparência (BM, 1991).

No *Policy Paper "Governance: the World Bank experience"* (1993), o Banco avalia o trabalho realizado durante os primeiros anos (1991-93) da nova orientação. Segundo o documento, a preocupação dessa orientação era garantir a sustentabilidade dos programas e projetos que o Banco ajudava a financiar. Para que o desenvolvimento fosse sustentável havia que se garantir uma boa governança, definida nos termos da previsibilidade nas relações econômicas, do processo decisório transparente, da burocracia profissionalizada, da *accountability*, e da sociedade civil participativa. É interessante notar como algumas ideias aparecem de maneira circular no argumento do Banco Mundial, ora funcionando como pilares estruturantes de sua nova agenda, ora como seu próprio conteúdo, numa espécie de doutrinação normativa reiterada permanentemente. Para Pedro Arantes trata-se de uma estratégia dos bancos multilaterais (Banco Mundial e BID no caso) de descrever suas agendas como opções conjunturais, retirando qualquer matriz estrutural para os problemas enfrentados no processo de desenvolvimento defendido por eles. Desta maneira, na linha de raciocínio deste autor, qualquer crítica se apresenta como "desatualizada ou desacreditada, pois os bancos podem lançar novas agendas, que substituam as anteriores, 'novos consensos', que tenham faces mais (ou menos) humanas" (2004, p. 90-1).

A dimensão chave para a boa governança, ainda de acordo com este *Paper* (BM, 1993), é a maior eficiência do setor público. Cinco elementos compreendem a reforma do setor público nesta direção, segundo o Banco: a mudança da estrutura organizacional do Estado, a diminuição de pessoal, um orçamento mais eficiente, a alteração dos incentivos aos serviços públicos e a transformação da gestão das empresas públicas para relações de desempenho. Diferentemente da formulação do Estado mínimo da década de 1980, aí, o Banco define que o Estado deve realmente ser menor, porém deve ser constituído por uma burocracia mais profissional (o que significa mais próxima dos fundamentos da iniciativa privada: orientada pela competitividade) e deve atuar propositivamente em direção ao funcionamento da economia (garantindo um ambiente saudável para os negócios), o que compreende, também, sustentar estratégias de redução da pobreza.

De acordo com o Banco Mundial, a governança é formada por três aspectos: a forma do regime político; o processo por meio do qual a autoridade política é exercida na gestão dos recursos econômicos e sociais para o desenvolvimento; e a capacidade do governo planejar, formular e implementar políticas e delegar funções. O primeiro destes aspectos – a forma do regime político – é de atenção exclusiva de cada país, ou seja, aqui o Banco sustenta sua visão sobre a soberania nacional dos países: cabe a cada um deles decidir internamente sua forma política – democrática ou não; desde que não interfira no bom funcionamento da sua economia de mercado ou, nos termos do Banco, desde que nada atrapalhe a boa governança. A visão de que a democracia não era necessária para a boa governança se altera ao longo da década de 1990 quando passa a constituir um dos pilares da estratégia de desenvolvimento (Arantes, 2004).

Neste momento do final da década de 1980, dois elementos foram centrais na virada operada pelo ideário propositivo do ajuste: a expressão dos efeitos negativos das primeiras reformas na reivindicação de uma orientação mais humana ao ajuste (nos já comentados Relatórios do Unicef de 1987) e as novas formulações em relação ao papel do "Estado-parceiro". A modulação na agenda do Banco discutida aqui contou com a importação de uma técnica – a governança corporativa – cuja origem remonta à iniciativa privada. Como comentado no primeiro capítulo, ela foi mobilizada no repertório de práticas da iniciativa privada transferidas para o setor público pela nova administração pública (*new public management*) na orientação das primeiras reformas neoliberais do setor público na Inglaterra de Thatcher (1979) e nos Estados Unidos de Reagan (1981). Foi nesse contexto de permeabilidade entre os setores privado e público que o Banco Mundial, no final da década de 1980, adota esta referência para formular sua nova doutrina de desenvolvimento.

O conjunto de dispositivos organizados em torno da ideia da governança corporativa consiste em mecanismos de regulação, fiscalização e controle cujo objetivo é garantir maior transparência e *accountability* (responsabilização) na distribuição das informações internas à gestão empresarial. Grün (2005) interpreta a elaboração destes mecanismos como uma resposta do setor financeiro norte-americano, na década de 1980, à profissionalização da direção das empresas e a consequente criação da figura dos gerentes que ocorrera no pós-guerra. Tais mecanismos teriam a função de apresentar os fluxos de informações referentes ao cotidiano das empresas aos acionistas. O objetivo principal dos mecanismos de governança, portanto, é a retomada da capacidade de controle dos acionistas sobre o funcionamento interno das corporações.

> A governança corporativa irá rezar que os aumentos de eficiência das organizações, das empresas em particular, seriam fruto da qualidade da vigilância (governança) que seus proprietários efetivos exerceriam sobre suas opera-

ções, e que essa qualidade é função de um ambiente institucional adequado para tal (...) (Grün, 2005, p. 70).

As práticas de governança corporativa são também analisadas por Grün (2005) no campo das novas propostas de gestão interna das empresas. Da mesma maneira que ele situa estas práticas na contraposição entre acionistas e gerentes-executivos, ele as analisa na contraposição entre, de um lado, os engenheiros industriais e outros profissionais ligados às questões do trabalho e, de outro, os economistas e os financistas. Os mecanismos de governança corporativa seriam, nesta interpretação, a resposta deste segundo grupo à ênfase na qualidade trazida pelo modelo japonês do *just in time* que fortalecera os primeiros profissionais na gestão interna das empresas. Tributários do mundo das finanças, tais mecanismos serviriam à tomada do controle dos financistas no rearranjo do mundo organizacional pós-fordista.

Grün se vale do referencial de Pierre Bourdieu para investigar as estratégias mobilizadas por diferentes grupos profissionais (que representam interesses econômicos na sociedade) para alcançarem posições privilegiadas em seus campos de ação. Segundo ele, no contexto em que o modelo japonês era experimentado no interior das empresas e difundido para outros setores além da indústria – serviços e esferas de atuação governamental, como os serviços públicos –, o grupo das direções profissionais adquiria relevo. Neste contexto, argumenta que a governança corporativa seria a resposta formulada pelos economistas e financistas para retomar sua capacidade de decisão nas questões internas das empresas. A preocupação deste autor está em criar uma inteligibilidade sociológica para explicar a difusão da linguagem financeira nas esferas de sociabilidade contemporânea. Linguagem que, segundo ele, a partir dos anos 1980 passa a fornecer os códigos cognitivos pelos quais as informações circulam na sociedade.

A contraposição entre grupos profissionais não é o escopo da análise realizada aqui sobre a doutrina da governança, mas seria interessante notar que as técnicas da governança, originadas na ação de grupos cuja inserção econômica é dada pela propriedade dos ativos financeiros, são justamente aquelas empregadas pelo Banco Mundial para prescrever o que é a boa gestão econômica e social de um país. Aqui, tem-se um elemento que torna inteligível os interesses econômicos em jogo nestas reformas neoliberais que, desde os planos econômicos do tesouro americano para refinanciar as dívidas externas da América Latina na década de 1980 (Planos Baker e Brady), articulam estratégias capazes de tornar o espaço econômico confiável para a rentabilidade dos credores (ou investidores). O que a mobilização destas técnicas revela é a intenção deliberada do Banco em tratar a gestão (externa e interna) dos países da mesma maneira que os acionistas tratam a gestão interna das empresas. É isto que está explícito no trecho do Policy Paper *"Governance: the World Bank experience"* de 1993:

> O termo governança descreve, geralmente, condições num país como um todo. Contudo, ele pode ser aplicado de maneira mais específica, tal como em governança corporativa – o conjunto de leis, instituições regulatórias, e padrões de relatórios aos acionistas que condicionam a maneira pela qual o setor corporativo é governado (BM, 1993, p. XIV).

## A sociedade civil como instrumento do enraizamento local das mudanças econômicas

Williams e Young (1994) analisam a doutrina da governança a partir de dois conjuntos gerais de reformas que, talvez, seja possível inferir, assumem pesos diferentes entre a primeira e a segunda metade da década de 1990. Estes conjuntos são, de um lado, a reforma do sistema legal, que trata da construção do quadro favorável ao desenvolvimento (*legal framework for development*), e é acompanhada da constituição de um novo arranjo institucional para a burocracia pública definido pelas reformas de construção de capacidades (*capacity building*) –[18] classificadas por Williams e Young como áreas técnicas. E de outro, a preocupação com o fortalecimento da sociedade civil (1994, p. 86). As primeiras reformas, segundo eles, estariam mais voltadas a aspectos técnicos, pois consistem na consolidação de elementos formais tais como a constituição de um sistema previsível de regras, a constituição de um poder judiciário independente, cujo conteúdo esteja norteado pelos pilares liberais da eqüidade, justiça e liberdade; o aperfeiçoamento das análises políticas, e a garantia da disciplina orçamentária.

Entender a centralidade que a sociedade civil desempenha nesta doutrina, como mostram Williams e Young (1994), requer a compreensão dos fundamentos do liberalismo moderno mobilizados por esta estratégia no que diz respeito às proposições sobre a natureza do Estado, da sociedade civil e do indivíduo (*self*). Contudo, o liberalismo não é tomado por estes autores como um corpo teórico unitário, uma filosofia política, mas a partir da ideia de uma "ideologia operativa" (*working ideology*), o que significa compreender a maneira por meio da qual orientações liberais de pensamento (teoria) e ação (práticas) estão interligadas na delimitação de um campo de discordâncias (*disagreements*) armado pela maneira como as ideias informam as práticas política. O ra-

---

[18] (...) envolve aprimorar a análise de políticas públicas e a 'disciplina fiscal', aprimorar o treinamento e os procedimentos burocráticos, reformar o serviço público, particularmente pela redução do excesso de funcionários, aprimorar a coordenação burocrática e estabelecer distinções entre funcionários públicos e pessoas privadas" (Williams e Young, 1994, p. 87).

ciocínio destes autores se aproxima da maneira pela qual se busca interpretar neste livro os desdobramentos no discurso sobre as reformas do ajuste estrutural nos últimos anos: por meio da atenção às controvérsias teóricas que informam a orientação das práticas prescritas pelo Banco, produzindo modulações em sua agenda. Isto posto, três questões operam este campo de discordâncias analisado pelos autores: liberdade, escolha e direitos. E é este campo, composto pela interligação entre teoria e prática, que dá sustentação às formulações daquelas três proposições – sobre a natureza do Estado, da sociedade civil e do indivíduo (*self*) – que, por sua vez, são mobilizadas no interior da doutrina da governança.

Williams e Young chamam atenção para um deslocamento teórico realizado na apropriação dessas três proposições pelo Banco Mundial. No argumento do Banco, a noção teórica do que é o correto (*right*) tem prevalência sobre a noção de bem (*good*). O Estado correto é aquele que deve contar com um quadro (*framework*) neutro de regras no interior do qual diferentes concepções de bem possam coexistir. Uma noção substancial de bem não deve ser prescrita, pois, vista como impositiva, seu resultado seria o conflito e a violência. A importância da sociedade civil se delineia aqui, pois ela é entendida como o "reino de liberdade" no qual os indivíduos se engajam em transações não-coercitivas em torno de diferentes concepções de bem. Este indivíduo, que constitui a base do credo liberal, e cujo comportamento é orientado pela figura do *homo economicus*, existe no interior desta sociedade civil livre e não-coercitiva.

A despeito da proclamada neutralidade a que o Banco se arroga, cujo sentido já foi problematizado neste texto, há claramente, como mostram Williams e Young (1994), uma concepção de bem subjacente à forma da organização social, bem como do papel do Estado nesta organização prescrita pelo Banco. Uma boa organização social corresponde à uma economia cuja alocação de recursos é dada exclusivamente pela eficácia da competição mercantil e o governo correto deve ser capaz (*capable*) de garantir seu funcionamento por meio do estabelecimento de regras estáveis e da promoção dos direitos de propriedade essenciais a um ambiente de negócios estável. A novidade que a doutrina da governança traz é a percepção de que a sustentação desta organização social passa pelo desempenho da sociedade civil no enraizamento da estratégia de desenvolvimento prescrita pelo Banco.

Nos primeiros documentos sobre a nova doutrina (BM, 1992, 1989), como constatam Williams e Young, afirmações sobre a necessidade do enraizamento das mudanças econômicas nos valores locais aparecem como a maneira de resolver os tais problemas de governança diagnosticados. O Banco desenvolveu pesquisas, comentam estes autores, sobre a forma de interação entre cultura, língua, práticas sociais e mercado, Estado e burocracia em diferentes sociedades, e chegou a conclusões paradoxais quanto à relação entre estes valores e a "modernização" por eles anunciada. Como permitir a manutenção de burocracias estatais selecionadas a partir de lealdades comunitárias e não por meio do mérito? Como garantir a separação entre as esferas pública e privada? Como resultado destas investigações, por exemplo, o Banco formulou a ideia de que a corrupção estava arraigada nas instituições africanas em função dos laços tradicionais e personalistas que constituíam estas sociedades.[19] Portanto, sua modernização implicaria necessariamente em mudanças nas instituições sociais

---

19 É possível perceber aqui, o deslocamento sutil entre as formulações baseadas na teoria *rent-seeking* de Anne Krueger que sustentaram as prescrições do início da década de 1980 no Banco Mundial e a perspectiva existente na doutrina da governança que focaliza mudanças institucionais na atuação governamental.

e políticas, ainda que levando em conta suas tradições e crenças locais. Como comentam a este respeito Williams e Young: "... isto está na raiz da ideia do Banco Mundial de construir a 'sociedade civil'. Ela não deve consistir de comunidades étnicas ou outros grupos afetivos e comunitários, mas de grupos contratuais, não--comunitários e não-afetivos, tais como associações profissionais, câmaras de comércio e da indústria, sindicatos, e ONGs". O que está implícito nestas formulações do Banco, continuam eles, é a destruição destas relações comunitárias (1994, p. 95-6). Não se trata do fortalecimento de laços já existentes, mas da formação, como lembra Cruz (2007, p. 76), de um "tecido de grupos e organizações 'modernas' (...), fundadas no princípio da convergência de interesses ou valores, e não em laços comunitários". E é a partir deste entendimento sobre os laços que devem unir tais atores sociais que o Banco vai estimular a criação de organizações "modernas" da sociedade civil como contrapartes necessárias à recepção de financiamentos ou de assistência técnica em seu programa de desenvolvimento para os países da periferia capitalista.

A ideia de participação constitui um elemento essencial da estratégia de enraizamento local assumida pelo Banco Mundial. Ela é adotada não somente como um modo de estimular a constituição de organizações que conformem a base daquele tecido de relações convergentes. Mas também, e de maneira complementar, como um impulso da passagem de antigas mentalidades tradicionais, arraigadas nas burocracias locais que são concebidas como deficientes e corruptas, às mentalidades "modernas" (Williams e Young, 1994, p. 97) próprias das novas áreas de atuação estimuladas pelo Banco: planejamento, avaliação, monitoramento, gestão, *accountability*.[20] A referência à alteração de mentalidades

---

20 Em "Governo da pobreza e técnicas de subjetivação" a ser publicado nesta

empreendida pela ideia de participação é feita por um consultor senior do escritório africano do Banco (Pierre Landell-Mills), em um artigo de 1992,[21] citado por Williams e Young (1994). Trata-se da menção a uma abordagem participativa do desenvolvimento (*participatory approach*) que adquire contornos mais definidos ao longo da década de 1990 juntamente com a ideia do empoderamento (*empowerment*)[22] dos pobres – ou beneficiários dos projetos de desenvolvimento – nesta estratégia de desenvolvimento.[23] O recurso às ONGs aparece principalmente quando o impacto social das medidas do ajuste da década de 1980 torna-se mais aparente. Não que as organizações civis não-governamentais tenham sido sua invenção, mas a capilaridade e a capacidade de internacionalizar padrões do Banco Mundial são tamanhas que é possível identificar em suas investigações e conclusões elaboradas sobre corrupção, favorecimento pessoal, "caciquismo" supostamente constitutivos das sociedades periféricas, e nas soluções reformadoras apresentadas, traços do enquadramento moderno de um novo associativismo civil. Associativismo civil cujas formas "(...) mobilizam saberes técnicos, qualidades administrativas e recur-

---

mesma coleção, no livro *Os tempos do social e da política*, discuto a partir de Peter Miller e Nikolas Rose, *Governing the present. Administering Economic, Social and Personal Life*. Cambridge: Polity Press, 2008; os efeitos na gestão da pobreza do atravessamento de um conjunto de raciocínios e técnicas orientados por novos regimes de cálculos da contabilidade e da gestão financeira.

21 P. Landell-Mills, "Governance, civil society and empowerment in Sub--Saharan Africa", paper prepared for the Annual Conference of the Society for the Advancement of Socio-Economics 1992.

22 A tradução literal do termo *empowerment* seria delegação de autoridade, mas será feito o uso do termo empoderamento, pois é a tradução oficial presente nos documentos do Banco Mundial e já é parte do léxico no debate sobre desenvolvimento.

23 A análise do papel desempenhado por tais questões nesta estratégia de desenvolvimento é feita no capítulo 4.

sos de investimento privado para o atendimento às necessidades das 'populações carentes' moradoras das periferias" nas cidades do terceiro mundo. É possível observar o deslocamento dos laços por meio dos quais a população se organizava politicamente tanto em "organizações populares assentadas na representação dos interesses das classes trabalhadoras" quanto em "organizações fomentadas pelo favorecimento pessoal do antigo clientelismo", para um padrão comum de organização cuja orientação é cada vez mais dada pela exigência de resultados, da mensuração de impactos objetivos e quantificáveis, e pela profissionalização das relações com os atores envolvidos (Magalhães Jr., 2004, p. 7).

Este segundo conjunto de reformas que se estabelece em torno do fortalecimento da "sociedade civil", ainda que presente nas formulações iniciais da doutrina da governança, adquire um sentido mais central e radical a partir da segunda metade da década de 1990. A ideia é que no contexto da crise mexicana (1994) e da crise das economias asiáticas (1997-98), há outra modulação na agenda do Banco que torna mais central este segundo conjunto de reformas.

# A dimensão humana como garantia de oportunidades

A atenção com as questões sociais retorna, de maneira tímida, à agenda do Banco Mundial, no início dos anos 1990, junto à doutrina da boa governança, mas ganha expressão com a entrada de James Wolfensohn (1995-2005) na presidência do Banco em 1995. Esta atenção está expressa no retorno da antiga orientação de McNamara para as políticas voltadas aos pobres, mas agora tidas como forma de aliviar os impactos negativos do ajuste. Tais impactos já eram registrados em Relatórios das agências da ONU desde o final da década de 1980 (Unicef e PNUD) como elementos que contribuíam com o agravamento dos problemas sociais já existentes nas periferias capitalistas. Laura Tavares formulou a expressão "desajuste social" para discutir os impactos do ajuste na América Latina (Soares, 2000). O resultado fora um paradoxo no qual "a renda dos trabalhadores caía, enquanto os custos de sua reprodução social aumentavam, num quadro de baixo crescimento econômico", gerando uma situação de instabilidade política e de crise de governabilidade (Arantes, 2004, p. 72) a que a agenda internacional do desenvolvimento deveria dar uma resposta.

O impacto das reformas nas realidades sociais dos países é formulado na agenda do Banco, no entanto, em termos da ineficácia dessas reformas na melhoria da qualidade de vida das populações. A avaliação, que começa a ganhar cores oficiais, como parte da resposta internacional à "crise de governabilidade", era que o crescimento econômico não era suficiente para reduzir a pobreza e a desigualdade social mundiais. Políticas sociais eram necessárias para dar conta dos vulneráveis e incapazes de estar no mercado – em números cada vez maiores. É bom que se diga que a ideia de políticas sociais do Banco passa, também, pelo crivo das reformas orientadas para o mercado. Não se trata de um conjunto de instrumentos guiados por algum ideal de universalização de direitos, nem muito menos pela referência às experiências do Estado de Bem-Estar europeu. As políticas sociais são mecanismos complementares ao funcionamento do mercado, na medida em que vão focalizar os incapazes de estar no mercado.

Será apenas na presidência de James Wolfensohn no Banco Mundial que a redução da pobreza retornará, de fato, a contar como parte do cálculo estratégico do desenvolvimento. Os altos custos sociais das reformas representavam um obstáculo à sua viabilização política. Como construir a ideia da inevitabilidade das reformas dos serviços públicos, da privatização de empresas estatais, da abertura das economias às importações, da flexibilização do mercado de trabalho, se o resultado a que se assistia era o aumento da pobreza? É nesse sentido que a discussão sobre a viabilidade política das reformas passou a ser objeto dos documentos do Banco junto às propostas de políticas sociais mais eficientes e que focalizassem os pobres; este é o sentido estratégico assumido pelas políticas sociais que juntamente a novos arranjos institucionais passaram a funcionar como forma de neutralizar os potenciais conflitos sociais eventualmente decorrentes da implementação de reformas liberalizantes.

Nos limites deste capítulo, cabe retomar os antecedentes mais imediatos que tornaram plausível essa modulação na agenda do Banco Mundial. A noção de crise de governança já fora formulada aí, no limiar da década de 1990, como explicação para as dificuldades na implementação das reformas do ajuste na África subsaariana (BM, 1989 e 1991). O Banco afirmava que era necessário "modernizar" as sociedades africanas para que elas fossem capazes de se integrar ao mundo globalizado. Esta "modernização", como já foi visto, implicava a realização de uma ampla reforma no setor público a fim de estabelecer parâmetros confiáveis e transparentes para a condução dos negócios. O desafio, portanto, era reformar as instituições tradicionais africanas em direção a essa "modernização". Os estudos empíricos sobre o crescimento econômico no leste asiático, que mobilizavam o referencial neo-institucionalista para explicar os casos de sucesso, retomaram o repertório analítico capaz de mostrar a importância do elemento humano na contagem do desenvolvimento. O Relatório do Banco, de 1989, já faz referência ao aspecto humano do desenvolvimento, a noção de capital humano, que, no entanto, ganharia outras cores com a publicação dos Relatórios do Desenvolvimento Humano pelo PNUD e a construção do Índice de Desenvolvimento Humano (IDH) como sua medida. Ainda que nesse momento, as reflexões do Banco Mundial e da ONU pudessem estar em lados opostos do espectro político, elas se aproximariam muito no final da década de 1990.

A abordagem das capacidades formulada por Amartya Sen é outro desses antecedentes. Um novo campo cognitivo se forma em torno dessa noção e alcança ganho de escala no momento em que fornece as referências para a estratégia de desenvolvimento mobilizada no discurso do Banco Mundial do final da década de 1990 em direção à agenda de redução da pobreza do Banco presente no Relatório sobre o Desenvolvimento Mundial de 2000/01: *Attacking the Poverty*, que acompanha a inflexão já presente nos Relatórios de Desenvolvimento Humano desde 1990, publicados anualmente pelo Programa das Nações Unidas para o Desenvolvimento (PNUD). A abordagem de Amartya Sen está no centro dessa estratégia de redução da pobreza e foi ela que forneceu a referência para a nova codificação da pobreza como "privação de capacidades" (Sen, 2000). Construída na interface entre as agendas do ajuste estrutural (da primeira geração de reformas) e da governança (a segunda geração de reformas), essa estratégia foi mobilizada como um dispositivo capaz de adaptar a liberalização dos mercados e dos fluxos de capital à dimensão humana e participativa reivindicada pelas forças políticas mais à esquerda. Como mostram Craig e Porter (2006), as organizações financeiras multilaterais, a ONU, ONGs e agências governamentais se reuniram em torno dessa nova estratégia.

## Os antecedentes da estratégia de redução da pobreza

Os movimentos que têm sido descritos neste trabalho não respondem a uma cronologia fixa, ou seja, não obedecem a nenhuma sincronia ou linearidade temporal, mas são parte do que se chamou de controvérsia no sentido de polêmicas em torno, no caso aqui discutido, das melhores maneiras para dar prosseguimento às reformas do ajuste estrutural – o que implicou, por vezes, a prescrição de um novo tipo de reformas. É nesta perspectiva que a modulação da agenda do Banco Mundial, que consolida a doutrina da boa governança, convergirá com a ascensão dos democratas ao governo dos Estados Unidos em 1993.[1] A gestão de Bill Clinton na presidência americana, apesar de iniciada no momento em que ainda se delineavam os primeiros traços da nova doutrina, já expressa alguns elementos presentes, no sentido tomado pelo novo consenso, sobre o desenvolvimento que ganharia forma a partir da segunda metade da década de 1990. Dois elementos são dignos de nota, pois estão relacionados a dois dos pilares do novo consenso, formado pelo papel assumido pelo Estado e pelo sentido estratégico das políticas sociais.

A administração Clinton surge como a promessa de uma mudança na esfera política em resposta aos anos do neoconservadorismo que imprimiram sua marca nas reformas fiscalistas do Consenso de Washington. Esta promessa esteve presente, também, no retorno dos partidos trabalhistas na Inglaterra (Tony Blair em 1997) e na Nova Zelândia (Helen Clark em 1999). A ideia de um novo modo de governar estava expressa na linguagem da "reinvenção do governo" que retoma uma tendência antiga na administração norte-americana de transferência de práticas entre o setor privado e o setor público e viria marcar as reformas do Estado prescritas a partir daquele momento. O livro *Reinventing government: How the entrepreneurial spirit is transforming the public sector* dos consultores norte-americanos em gestão pública David Osborne e Ted Gaebler, lançado em 1992, expressa a orientação que as reformas do setor público tomariam mundialmente: a "reinvenção" da forma de governo por meio da transformação de suas práticas à semelhança da iniciativa privada, com ênfase na ideia da transformação da administração burocrática em uma

---

1 Os democratas retornam ao poder nos Estados Unidos com a eleição de Bill Clinton para dois mandatos consecutivos (1993-2001), quando Clinton é sucedido pelo republicado George W. Bush (2001-2009).

administração orientada pelo desempenho. Esta orientação tornou-se a referência da reforma do Estado empreendida na administração Clinton.[2] O que interessa aqui não é discutir os termos de uma continuidade entre as reformas de transferência de patrimônio para a iniciativa privada (privatizações) implementadas durante os anos Thatcher e Reagan e as recomendações presentes nesta ideia de "reinvenção" gerencialista do governo no início da década de 1990. A intenção é salientar a presença de noções que, oriundas desta "reinvenção", conformam, no âmbito internacional, a doutrina da boa governança. Esta doutrina elaborada pelo Banco Mundial trataria de espalhar entre os países da periferia tais noções, conferindo ao Estado um novo papel na condução dos negócios: a gestão por resultados, a realização de parcerias com as "comunidades", a promoção da competição entre os prestadores de serviços públicos, a orientação para objetivos e a focalização nos resultados.

O segundo elemento que aproxima a administração Clinton e a modulação da agenda da boa governança no âmbito do Banco Mundial está diretamente relacionado às indicações para a composição dos quadros do Banco. Joseph Stiglitz foi membro, desde o início do governo Clinton, de seu Conselho de Assessores Econômicos (*Council of Economic Advisers*) do qual foi presidente entre os anos 1995 e 1997, ano em que é indicado para o cargo de economista-chefe e vice-presidente do Banco Mundial junto com James Wolfensohn. Os dois, indicados por Clinton, foram responsáveis, mais tarde, pela consolidação da agenda de redução

---

2  A proposta de reforma fora apresentada pelo vice-presidente Al Gore no Relatório *From red tape to results: creating a government that works better & cost less. Report of the National Performance Review*, setembro de 1993. Ted Gaebler foi consultor no período da elaboração desse material.

da pobreza no interior da qual as políticas sociais assumem um sentido marcadamente estratégico para o desenvolvimento.

O princípio da virada na agenda do Banco Mundial em relação a esse papel estratégico assumido pelas políticas sociais pode ser localizado na primeira metade da década de 1990. Na América Latina, dois marcos importantes dessa virada foram o levante zapatista de 1º de janeiro de 1994 e a crise mexicana[3] de dezembro do mesmo ano. A resposta a esses acontecimentos foi formulada no interior das críticas à agenda das reformas fiscalistas do Consenso de Washington que, como visto no capítulo anterior, estava em processo de revisão tanto no âmbito mais estritamente teórico como nos quadros do Banco Mundial – influenciado por "correções" conceituais, como já discutido. O levante em Chiapas, o maior e mais inesperado movimento social desde a Revolução de 1910, e a crise econômica do país, considerado um dos melhores alunos do ajuste estrutural, representaram marcos importante das possíveis consequências políticas do aumento da pobreza e da desigualdade social que precisavam ser contidas. A retomada da conexão entre segurança e pobreza foi a maneira pela qual a contenção aos distúrbios sociais foi formulada no cálculo estratégico do Banco Mundial. Esse foi o desafio a que James Wolfensohn buscou responder ao assumir a presidência do Banco em 1995 e reivindicar para sua gestão o legado de McNamara (Arantes, 2004, p. 73; Leher, 1998, p. 144).

O combate à pobreza, consigna de primeira grandeza na gestão de McNamara, serve, neste novo momento, como estratégia para a continuidade das reformas do ajuste, uma vez que

---

3 "(...) decorrente de um ataque especulativo, que produziu a maxidesvalorização do peso e novo ciclo de endividamento do país, agora lastreado em suas reservas de petróleo" (Arantes, 2004, p. 73)

o objetivo era a aquisição de um consenso político interno aos países que tornasse possível o aprofundamento do desmonte do antigo modelo de desenvolvimento. A constatação do aumento da pobreza mundial constituiu o enunciado em torno do qual se formulou a nova estratégia de controle da periferia capitalista, objetivo de fundo desde sempre presente na formulação das estatísticas de desenvolvimento do Banco Mundial. Este é o sentido da modulação do ajuste que se fez em direção à ênfase das novas ideias de empoderamento (*empowerment*), de proteção (*securing*) dos pobres, das parcerias locais, da descentralização e da construção institucional. Ideias que consolidaram o tripé formado pelas noções de Oportunidade (*Opportunity*), Empoderamento (*Empowerment*) e Segurança (*Security*) apresentado oficialmente no final da década de 1990 no Relatório sobre o Desenvolvimento Mundial de 2000/01 – *Attacking Poverty* (BM, 2001).

Estas ideias já estão presentes nas reformas neoliberais implementadas na Nova Zelândia pelo governo trabalhista, na segunda metade da década de 1980 (1984-87): capacitação produtiva (oportunidade), capacitação social (empoderamento) e bem-estar (segurança); como mostram Craig e Porter (2006). É possível perceber aí elementos do repertório mobilizado na virada da agenda mundial para a responsabilização do governo pelas reformas estruturais, expressa na preocupação do Banco Mundial com os aspectos políticos do desenvolvimento. O cerne da reforma neozelandesa foi a ideia de *accountability*, termo próprio das técnicas de administração de empresas que significa "a responsabilidade dos administradores por suas decisões" (Paula, 2005, p. 50). Este recurso administrativo prescreve a elaboração de um sistema de prestação de contas que, ao ser transferido para o setor público, implica em um fino detalhamento do processo de execução das políticas e do planejamento. Este detalhamento se faz por meio da definição dos resultados a serem alcançados, mensurados por indicadores de avaliação de desempenho e de qualidade dos serviços prestados. Este mecanismo se tornará um dos elementos centrais das reformas do Estado prescritas pelo Banco Mundial na década de 1990 como garantia de responsabilização dos governos por estas reformas.

O quadro de instabilidade social e política decorrente do fracasso da tentativa de consolidar uma economia capitalista nas ex--repúblicas soviéticas, foi interpretado como o alarme de incêndio que mostrou a necessidade de um "Estado capaz" (*capable state*) de constituir o mercado (Craig e Porter, 2006; Stiglitz, 1998). Um Estado capaz de lidar com as ameaças de instabilidade e criar as condições necessárias para o bom funcionamento do mercado; esta ideia aparece formulada oficialmente no Relatório sobre o Desenvolvimento Mundial do Banco de 1997 – *The State in a Changing World* –, como o instrumento necessário para administrar a nova geração de políticas do ajuste. Um Estado capaz de lidar com as ameaças de instabilidade social causadas pelo ajuste por meio da sustentação de um consenso político interno aos países, formulado pela ideia de *ownership* (propriedade, posse). O Estado que outrora, por meio de sua regulação excessiva, impedia a operacionalização do ajuste, agora torna-se responsável pelo sucesso das reformas e é parte importante na criação do consenso político por meio do qual a efetiva "propriedade" dessas reformas podia ser assumida.

De acordo com o Relatório de 1997, a tarefa do Estado não é a de prover diretamente o crescimento, mas a de atuar como parceiro, catalisador e facilitador da economia de mercado; a ele é imputada a responsabilidade por gerir os riscos e a vulnerabilidade do meio (*enviroment*) – incluindo aí as pessoas, a economia e o meio ambiente. Estas ideias, como discutido no capítulo anterior, estavam presentes nas análises neoinstitucionalistas dos processos de crescimento econômico em países do leste asiático e da África (Evans, 1998, Bates, 1989).[4] A garantia da estabilidade macroeconômica, definida como ponto de partida consensual para a continuação das reformas (Fiori, 1997), exige desse Estado que ele esteja atento aos fundamentos sociais – marco legal, investimento em provisões sociais, proteção aos vulneráveis e observância dos condicionantes (meio) – ao mesmo tempo em que atenta aos fundamentos do mercado – previsibilidade, transparência, concorrência (Craig e Porter, 2006). Os Estados que não forem capazes de aprofundar as reformas de mercado serão marginalizados, sob pena de uma instabilidade social ainda maior. É consensual que reformas para garantir maior eficácia dos negócios devem ser implementadas como instrumento de conexão entre os Estados pobres e as oportunidades globais, mas cabe a cada um gerir seus próprios problemas internos (BM, 1997).

Craig e Porter (2006) discutem a grande façanha do projeto liberal nos anos 1990: forjar e enraizar um consenso ideológico, político e técnico ao mesmo tempo global e interno a cada um dos países. Esse consenso não foi alcançado por meio das ideias presentes nos anos 1980 que apontavam para o fim das alternativas, mas, pelo contrário, foi construído em um contexto chamado por estes autores de "crises e reações" no qual os agentes políticos e institucionais forçaram a ampliação da governança liberal no sentido de sua inserção na agenda interna dos países. E o fizeram não por meio da imposição de uma única alternativa – as reformas fiscalistas do Consenso de Washington –, mas por meio da responsabilização de cada autoridade política pela implementação das reformas que devem ser, por sua vez, elaboradas em parceria com os diferentes atores internos. Desta maneira é que se leva supos-

---

4  *Op. Cit.*

tamente em conta as alternativas de desenvolvimento presentes em cada "comunidade". A análise das propostas da nova estratégia de desenvolvimento elaboradas por Stiglitz (1998) – no próximo capítulo – tornará mais claras tanto a operação por meio da qual o horizonte do fim das alternativas é transformado no horizonte de múltiplas possibilidades, como o sentido daquilo que parece estar em jogo nessa transformação no que diz respeito à gestão mundial da pobreza.

Se o cenário mundial do final da década de 1980 parecia construir a legitimidade do capitalismo por meio da ideia do triunfo da democracia liberal e do fim das alternativas, nos anos seguintes, formou-se um consenso capaz de englobar partes até então díspares – como bancos multilaterais, ONGs e esferas governamentais das mais diferentes matizes ideológicas – em torno de reformas "inclusivas" elaboradas por meio de novas técnicas de gestão. A aprovação, em 1995, da "Declaração Global para a Governança" amplia o escopo dos atores a serem envolvidos no desenvolvimento (ONGs, outros grupos civis, corporações transnacionais, academia, mídia) e desloca o foco de intervenção para o problema da segurança. A orientação pró-mercado se manteve intacta, combinada a elementos de um neoliberalismo mais "inclusivo": a combinação de mercados de capital institucionalmente abertos com uma governança descentralizada e desagregada na provisão de serviços destinados à pobreza e uma estratégia de inclusão em todos os níveis (Craig e Porter, 2006).

Craig e Porter (2006) veem, no entanto, até meados da década de 1990, uma abertura política na agenda internacional do desenvolvimento. Para eles, ainda estavam em pauta questões como a equidade e o efeito das crises financeiras sobre as populações. Tal afirmação parece encontrar respaldo na articulação que ensejou o "Ciclo Social" de Conferências das Nações Unidas entre os anos 1990 e 1996.[5] As críticas proferidas aos efeitos sociais das reformas do ajuste estrutural encontraram seu ponto alto nos documentos da ONU – já citados – e nas Conferências sobre crianças e adolescentes, meio ambiente, direitos humanos, segurança, entre outras. O centro da crítica, nessas conferências, era a falta de intervenção humana na globalização, questionada por ser empreendida como um processo autônomo e meramente econômico. A defesa de um ajuste com face humana é parte central dessa crítica.

Eli Diniz (2006) analisa o enquadramento "mais humano" da globalização, no que chama de terceira geração de análises sobre a globalização. O mérito dessa análise estaria no reconhecimento de um suposto "teor multidimensional do processo de globalização, a rejeição da visão determinista e economicista do passado recente, a aceitação de que não se trata de um fenômeno monolítico, e, sim, de um processo subentendido à interferência de uma pluralidade de fatores" (p. 3). Nota-se que esta apreensão do processo de globalização corrobora a concepção de que não existe uma única alternativa para a promoção do desenvolvimento dos países pobres. A globalização estaria aberta a uma "pluralidade de fatores", inclusive às tradições locais desde que orientadas para a "modernização" das sociedades rumo à integração na economia mundial.

Para esta autora, há três inflexões no debate internacional recente que teriam recolocado nesses termos a discussão sobre a globalização e seus efeitos sobre as economias dos países do Terceiro Mundo. A primeira delas estaria na constatação de que o

---

5   As Conferências foram em 1990: Cúpula Mundial sobre a Criança, em 1992: Conferência do Rio de Janeiro (ECO-92) sobre o Meio Ambiente, em 1993: Conferência Mundial de Viena sobre os Direitos Humanos, em 1994: Cúpula Mundial sobre o Desenvolvimento Social e IV Conferência da Mulher, Segurança e Paz; e em 1996: Conferência das Nações Unidas sobre Assentamentos Humanos.

sucesso na condução de políticas de estabilização e de reformas orientadas para o mercado, ao longo dos anos 1980 e 1990, foi o corolário de iniciativas que buscaram soluções próprias e mantiveram certa margem de "autonomia interna" não aceitando, portanto, inteiramente as prescrições do Consenso de Washington. Além do trabalho emblemático de Stiglitz (1998),[6] Diniz cita ainda Ha-Joon Chang[7] e Dani Rodrik[8] – dois outros importantes críticos das reformas do Consenso de Washington.

A segunda inflexão comentada por Diniz diz respeito à diretriz de retomada da intervenção do Estado no desenvolvimento presente no Relatório sobre o Desenvolvimento Mundial de 1997, o que coloca o debate sobre a natureza e a qualidade dessa

---

6   O trabalho de Stiglitz (1998) será comentado no próximo capítulo, pois implica diretamente a reorientação da agenda do desenvolvimento mundial.

7   Sobre Chang, Diniz afirma que em seus trabalhos mais recentes ele "(...) focaliza a falência do neoliberalismo, especialmente nos países menos desenvolvidos (...), em decorrência, sobretudo, de sua incapacidade, quer no plano teórico, quer nas esferas das políticas públicas, de construir uma visão complexa e equilibrada das inter-relações entre o mercado, o Estado e outras instituições relevantes, bem como da falta de formulação de estratégias autônomas de ação". Os trabalhos a que Diniz se refere são *Globalization, economic development and the role of state*, 2003 e *Chutando a escada – a estratégia de desenvolvimento em perspectiva histórica*, 2004 (Diniz, 2006, p. 4).

8   Diniz diz que Rodrik "(...) afirma que, durante a hegemonia da agenda neoliberal, a adesão incondicional às diretrizes do Consenso de Washington foi responsável pelo período da mais longa estagnação dos países latino-americanos, em contraposição aos países do Leste Asiático, que experimentaram altos índices de desenvolvimento" (Diniz, 2006, p. 4). A autora ainda cita trecho do próprio Rodrik em palestra proferida em um seminário realizado no BNDES ("Depois do Neoliberalismo, o quê?!, em *Desenvolvimento e globalização*, seminário do BNDES: Novos rumos do desenvolvimento no mundo, setembro de 2002): "Os poucos exemplos de sucesso ocorreram em países que dançaram conforme sua própria música e dificilmente serviriam de cartazes de propaganda para o neoliberalismo. É o caso da China, do Vietnã e da Índia – três nações importantes que violaram praticamente todas as regras do manual neoliberal, mesmo tomando o rumo mais orientado para o mercado" (2006, p. 5).

intervenção como questão central às estratégias atuais. Como já visto neste texto, estes são elementos presentes na revisão crítica que deu origem à doutrina da boa governança. Por fim, o terceiro ponto de inflexão apontado por Diniz está na acolhida internacional dos trabalhos de Amartya Sen, cujo mérito seria trazer a dimensão ética e política da economia de volta ao debate sobre o desenvolvimento. Ao abordar essa dimensão ética, Sen procura retomar um elemento fundante da economia desde pelo menos Adam Smith. O autor elabora uma crítica de viés liberal clássico às reformas econômicas neoliberais praticadas durante os anos 1980 e sua formulação é central para a última modulação na agenda do Banco Mundial discutida neste livro. A argumentação de Sen sobre a dimensão ética da economia traria, para Diniz, o aspecto positivo de romper com a concepção de que a economia é avaliada apenas sob a ótica da eficiência. Sen propõe a ruptura desta concepção a partir de uma visão fundada na "liberdade de escolher a vida que se quer viver".

## A abordagem das capacidades entre as Nações Unidas e o Banco Mundial

As críticas à medida do desenvolvimento pelo PIB per capita que ganhavam terreno no cenário internacional desde a década de 1960 encontram importante impulso na abordagem das capacidades de Amartya Sen. Para tais críticos, essa medida pressupunha a definição do desenvolvimento a partir de um ponto de vista estritamente econômico que deixava de levar em conta outras dimensões da vida igualmente centrais para a avaliação do padrão de desenvolvimento de cada sociedade – dimensões medidas pelas taxas de alfabetização, de mortalidade infantil, de expectativa de vida, etc. Ademais, avaliar o desenvolvimento segundo o PIB per capita significava sustentar como única referência o padrão de consumo dos países desenvolvidos e desconsiderar as particularidades sociais e culturais de cada país ou caso em avaliação. Do ponto de vista de Sen, o aumento da riqueza econômica auferida pelo indicador PIB per capita devia ser tomado como valor apenas em função de sua "utilidade", em relação ao que esta permite ao homem realizar, mas nunca como o "bem supremo" que orienta a vida humana. A busca da prosperidade econômica figuraria entre os objetivos intermediários do planejamento e da formulação de políticas de desenvolvimento, mas não corresponderia ao seu fim. O objetivo final do desenvolvimento, na formulação de Sen, é o "enriquecimento da vida das pessoas", o que não é alcançável apenas por meio da prosperidade econômica. O aumento de renda e o crescimento econômico são apenas um dos meios para este enriquecimento sem, contudo, ser meio exclusivo e necessário, uma vez que outros elementos envolvidos na melhoria da qualidade de vida das pessoas não são mensurados pelo crescimento econômico.

O papel da renda no desenvolvimento é relativizado nessa abordagem por meio da diluição do indicador de renda entre indicadores de outros aspectos que compõem o meio específico de cada unidade a ser analisada – seja um país, ou uma região qualquer. O comentário de Sen esclarece esta operação:

> Países com altos PIBs per capita podem apresentar índices espantosamente baixos de qualidade de vida, como mortalidade prematura para a maioria da população, alta morbidade evitável, alta taxa de analfabetismo e assim por diante. (...) Um país pode ser muito rico em termos econômicos convencionais (isto é, em termos do valor das mercadorias produzidas per capita) e, mesmo assim, ser muito pobre na qualidade de vida dos seus habitantes. A África do Sul, que dispõe de um PIB per capita cinco ou seis vezes maior do que os do Sri Lanka ou da China, tem uma esperança de vida muito menor, e a mesma obser-

vação aplica-se, de maneiras diversas, ao Brasil, México, Oman e vários outros países (...) (Sen, 1993, p. 314-15).

O fato de Sen direcionar sua análise do desenvolvimento também para os países ricos fornece mais um elemento dessa operação. As teorias do desenvolvimento surgiram tendo como foco o *aggiornamento* das nações periféricas ao patamar de desenvolvimento das sociedades avançadas, refletindo (e prescrevendo) sobre os meios de modernização dessas sociedades que levariam à sua inserção no capitalismo mundial. O que Sen propõe é uma perspectiva de desenvolvimento que se detém sobre as condições de vida dos grupos populacionais, independentemente do nível de renda dos países em que estes grupos estão. A integração no capitalismo mundial continua pertinente para o desenvolvimento, porém, há uma nova sugestão aí de que essa inserção não leve mais em conta as fronteiras territoriais.

De acordo com a visão de Sen, a expansão da liberdade deve ser o objetivo fundamental do desenvolvimento. Este é o sentido do que ele chama de uma "vida enriquecida". A liberdade dos indivíduos para viver bem e muito, sua concepção de qualidade de vida, não é definida pela renda per capita, nem pela fronteira territorial dos países. A análise que ele faz da relação entre o padrão de renda e de qualidade de vida dos afro-descendentes norte-americanos e dos pobres do terceiro mundo demonstra o alcance da relativização da renda operada por sua abordagem. Sen afirma que correntemente os afro-descendentes seriam apontados como grupos pobres em relação à renda de outros grupos étnicos dos Estados Unidos, porém mais ricos que a maioria dos habitantes do terceiro mundo. Ao incorporar outros indicadores de qualidade de vida, ele constata que os afro-descendentes norte--americanos têm, contudo, "uma chance absolutamente menor de chegar à idade madura do que as pessoas que vivem em muitas sociedades do Terceiro Mundo, como China, Sri Lanka ou partes da Índia (com diferentes sistemas de saúde, educação e relações comunitárias)" (Sen, 2000, p. 20). O que esta análise mostra é que, para Sen, as políticas de desenvolvimento devem levar em conta as diferentes condições do meio em que as populações estão inseridas e não apenas os níveis de renda.

O ponto de partida de sua formulação é a identificação da liberdade como o principal objetivo do desenvolvimento, concebido, por sua vez, como a expansão das liberdades que as pessoas desfrutam em contraposição à ideia da promoção do desenvolvimento como a expansão da renda per capita, expressa pelo indicador PIB per capita.

> O desenvolvimento tem de estar relacionado, sobretudo, com a melhora da vida que levamos e das liberdades que desfrutamos. Expandir as liberdades que temos razão para valorizar não só torna nossa vida mais rica e mais desimpedida, mas também permite que sejamos seres sociais mais completos, pondo em prática nossas volições, interagindo com o mundo em que vivemos e influenciando esse mundo (Sen, 2000, p. 29).

Amartya Sen circunscreve o problema do desenvolvimento como a "eliminação de privações de liberdade que limitam as escolhas e as oportunidades das pessoas de exercer ponderadamente sua condição de agente" (2000, p. 10). A perspectiva informada por esta abordagem compreende o desenvolvimento a partir de dois aspectos: o "aspecto avaliativo" e o "aspecto agência". O primeiro consiste na avaliação geral do objetivo do desenvolvimento que é a melhoria da vida humana e na maneira como este objetivo é realizado. O segundo consiste na prospecção dos meios de que as pessoas dispõem para alcançar tais melhorias – a condição de agente, nestes termos, consiste na disposição pessoal ou coletiva de mudar a vida por meio de estratégias políticas (Fukuda-Parr, 2002). A ênfase no papel da ação do homem (agência) na mudança política é o elemento que amplia a perspectiva da abordagem das capacidades de Sen em relação à velha teoria do capital humano, elaborada na década de 1960 e presente até a primeira metade da década de 1990 nas prescrições do Banco Mundial.

O problema do desenvolvimento é, nesses termos, um problema de privação de liberdade e a tarefa é a eliminação dos vários obstáculos à expansão dessas liberdades. Escassez de renda, insatisfação de necessidades essenciais, disseminação da fome, violação de liberdades políticas elementares e de liberdades formais básicas, subordinação das mulheres e ameaças ao meio ambiente e à sustentabilidade econômica e social são considerados os principais obstáculos à liberdade. A privação da "liberdade de sobreviver" é considerada uma deficiência elementar do homem que demonstra a pertinência do problema do desenvolvimento tanto para os países pobres quanto para os países ricos. As "fomes coletivas", que seriam uma das principais fontes desta privação, ainda que ocorram em muitas partes dos países pobres, não são o único problema a causá-la. Problemas de "nutrição", de pouco "acesso aos serviços de saúde", aos serviços de "água tratada" e de "saneamento básico" e a "morbidez desnecessária" que leva à "morte prematura" estão presentes também em países ricos e constituem fontes importantes de privação da liberdade de sobreviver. Portanto, o autor conclui que, se o desafio do desenvolvimento é lidar com as privações de liberdade, ele está colocado para todas as pessoas, independentemente se habitantes de um país pobre ou de um país rico.

A liberdade desempenha dois papéis no desenvolvimento, segundo Sen. Ela é o fim do desenvolvimento ao mesmo tempo em que é o instrumento por meio do qual as pessoas e as sociedades se desenvolvem. A expansão da liberdade de escolher a vida que ser que viver ("liberdade em geral") ocorre por meio do encadeamento entre diferentes tipos de liberdade que, na formulação de Sen, dizem respeito às oportunidades disponíveis às pessoas – acesso a bens materiais e sociais. Os tipos de liberdade são formulados por Sen como as "liberdades substantivas": oportunidades econômicas, liberdades políticas, oportunidades sociais, garantias de transparência e segurança protetora (proteção social). Essas liberdades, ou o acesso aos bens materiais e sociais, são formulados por ele como oportunidades para o exercício da liberdade de o indivíduo viver bem. Aquilo que as pessoas conseguem alcançar positivamente – o desenvolvimento social, nos termos de Sen – está condicionado ao acesso que elas têm às oportunidades. O exercício da liberdade política, mediante a participação em espaços de decisão, é condição para a criação dessas oportunidades, nos termos de Sen (2000, p. 19).

A compreensão da perspectiva do desenvolvimento como liberdade parte da reflexão de Sen sobre o que é a vida humana, uma vez que ele conceitua o desenvolvimento como o enriquecimento da vida. A vida humana é o conjunto de "atividades" e de "modos de ser", denominado por ele de "efetivações" (*functionings*).[9] Sen sugere que o propósito humano de desfrutar do bem-estar social

---

9 Nos trabalhos consultados do autor, a tradução a este termo aparece de duas maneiras: como "funcionamentos" (*Desenvolvimento como liberdade*, 2000) e efetivações ("O desenvolvimento como expansão de capacidades", 1993). Aqui, neste texto, a opção escolhida foi a tradução "efetivações", pois facilita a compreensão do que o autor quer dizer. Nas citações, ficou mantida a tradução reproduzida e o outro termo foi adicionado.

é mais amplo do que adquirir riqueza material e engloba as dimensões de fazer e ser. Ou seja, mais do que o enriquecimento material, o objetivo da vida humana é dado pela possibilidade de escolha – a possibilidade de fazer e ser o que desejar. Possibilidade que é, por sua vez, restringida pelas capacidades disponíveis de cada pessoa. O que uma pessoa alcança em sua vida, ou a "efetivação", depende não apenas dos bens que essa pessoa possui, mas também das formas pelas quais ela faça uso desses bens.

As "efetivações" são os elementos que constituem a vida de uma pessoa,

> é uma conquista (...): é o que ela consegue fazer ou ser e qualquer dessas efetivações reflete, por assim dizer, uma parte do estado dessa pessoa". Os elementos que constituem a vida envolvem "desde efetivações elementares como evitar a morbidade ou a mortalidade precoce, alimentar-se adequadamente, realizar os movimentos usuais, etc., até muitas efetivações complexas tais como desenvolver o auto-respeito, tomar parte da vida da comunidade e apresentar-se em público sem se envergonhar (...) (Sen, 1993, p. 317).

A melhoria da vida, nessa perspectiva, é formulada por meio da relação entre o que é valorizado pelas pessoas, expresso nas atividades e nos modos de ser, e a capacidade para realizá-lo. As "efetivações" de uma pessoa são definidas, portanto, pela combinação dos bens disponíveis (mais aqueles que ela adquire) com os usos que ela faz desses bens. Há várias combinações possíveis de "efetivações" para uma pessoa – as "capacidades". Ou seja, as capacidades são o conjunto de "efetivações" disponíveis para cada pessoa. Mas essas capacidades são condicionadas por fatores que podem depender ou não do controle dos indivíduos. Os fatores que influem nas escolhas das pessoas podem ser de ordem pessoal ou social. O acesso de duas pessoas à mesma cesta básica, por exemplo, não necessariamente leva ao mesmo aproveitamento nutricional (uma "efetivação") pois este pode depender do metabolismo de cada uma dessas pessoas. Nesse caso, o indivíduo não pode alterar o seu metabolismo, havendo uma limitação, mas pode consultar os valores nutricionais dos alimentos e obter melhores resultados ao se alimentar.

Além da diferença dos fatores que influenciam o alcance das "efetivações", Sen chama atenção para o papel desempenhado pelos "entitulamentos" que também restringem as escolhas de cada pessoa nesse processo. Entitulamentos são definidos por ele como os "pacotes de bens" disponíveis para cada pessoa para trocar por "efetivações".

> O *entitlement* de uma pessoa é representado pelo conjunto de pacotes alternativos de bens que podem ser adquiridos mediante o uso dos vários canais legais de aquisição facultados a essa pessoa. Em uma economia de mercado com propriedade privada, o conjunto de *entitlement* de uma pessoa é determinado pelo pacote original de bens que ela possui (denominado 'dotação') e pelos vários pacotes alternativos que ela pode adquirir, começando com cada dotação original, por meio do comércio e produção (denominado seu '*entitlement* de troca'). Uma pessoa passa fome quando seu *entitlement* não inclui, no conjunto [que é formado pelos pacotes alternativos de bens que ela pode adquirir], nenhum pacote de bens que contenha a quantidade de alimento (Sen e Jean Drèze, *Hunger and public action*, 1989, citado em Sen, 2000, p. 53-54).

A "abordagem das capacidades"[10] é a perspectiva alternativa apresentada por ele à prosperidade econômica como fundamento

---

10 A abordagem das capacidades é construída por Sen a partir das conside-

do planejamento e da elaboração de políticas de desenvolvimento. É uma abordagem que busca avaliar a vida que as pessoas realmente levam, ou seja, uma abordagem que avalia o bem-estar das pessoas a partir das capacidades de que elas dispõem. As capacidades são as atividades e modos de ser que uma pessoa é capaz de realizar,

> (...) a capacidade é um tipo de liberdade: a liberdade substantiva de realizar combinações alternativas de funcionamentos [efetivações] (ou, menos formalmente expresso, a liberdade para ter estilos de vida diversos)". O autor fornece um exemplo, no qual duas pessoas, uma mais rica do que a outra, podem ter a mesma realização de "funcionamento"/"efetivação" quanto a comer ou a nutrir-se. Mas, nesta situação, a pessoa rica possui um "conjunto capacitório" diferente da pessoa pobre. O "conjunto capacitório" diz respeito ao que a pessoa pode efetivamente escolher, suas "oportunidades reais", ou seja, neste exemplo, "a primeira pessoa [rica] pode

---

rações sobre como três linhas teóricas da filosofia moral definem as bases ("base informacional") que formam as escolhas sobre o comportamento humano. Ele analisa as "bases informacionais" de três abordagens distintas da justiça – o utilitarismo, o libertarismo e a justiça rawlsiana – e comenta as informações privilegiadas por cada uma delas, tomando como parâmetro a ideia de que é por meio das "liberdades substantivas" que se devem criar os parâmetros para avaliar o que é justo para o bem-estar e a qualidade de vida dos homens. Sua abordagem incorpora "o interesse do utilitarismo no bem-estar humano, o envolvimento do libertarismo com os processos de escolha e a liberdade de agir e o enfoque da teoria rawlsiana sobre a liberdade formal e sobre recursos necessários para as liberdades substantivas" (Sen, 2000, p. 107). Ele defende que a incorporação de elementos de outras abordagens garante a amplitude e sensibilidade à abordagem baseada na liberdade e que o enfoque avaliatório da liberdade deve ser o mais amplo possível para dar conta dos resultados e dos processos que as pessoas valorizam e buscam. As informações que compõem o juízo avaliativo de justiça são as informações que dão a base para o que será considerado como critério de justiça social. Na perspectiva de Sen, os critérios de justiça são construídos tendo como parâmetro a expansão das liberdades das pessoas para viverem a vida que valorizam.

escolher comer bem e ser bem nutrida de um modo impossível para a segunda [pobre] (Sen, 2000, p. 95).

Na perspectiva de Sen, a liberdade é uma função direta das capacidades, do que decorre que uma expansão das capacidades implica em uma expansão das liberdades. Os limites à expansão das liberdades são formulados na chave da desvantagem individual existente em função da limitação das capacidades possuídas por cada pessoa. Essas capacidades são limitadas pelos entitulamentos disponíveis para cada pessoa. É este o enquadramento dado ao tema da pobreza, definido como "privação de capacidades" e não como situação de baixa renda. Mais uma vez, o critério da renda é o contraponto a partir do qual a visão de Sen é definida. O deslocamento da definição da pobreza para a privação de capacidades se sustenta no argumento de que tal definição permite um olhar mais amplo e completo sobre as privações sofridas pelo homem, que vão além da falta de renda.

A importância da variável renda é apenas instrumental na determinação da situação de privação, pois há outros aspectos que a influenciam. Ou seja, segundo Sen, existem "condicionalidades" que influenciam a relação renda-capacidade e que devem ser levadas em conta na elaboração de políticas de desenvolvimento. Por condicionalidades, ele entende dimensões que podem limitar a capacidade de uma pessoa auferir renda e a intervenção política deve atuar aí. As privações podem ser afetadas pelo que ele chama de "variações sobre a pessoa". Essas variações ocorrem em resposta a limitações na possibilidade de escolha de cada indivíduo. Sen discrimina os limites às escolhas segundo variáveis de classificação de segmentos populacionais como faixa etária, gênero, ou predisposições ambientais no local de moradia como condições epidemiológicas. Esses limites são estabelecidos

> pela idade da pessoa (por exemplo, pelas necessidades específicas dos idosos e dos muito jovens), pelos papéis sexuais e sociais (por exemplo, as responsabilidades especiais da maternidade e também as obrigações familiares determinadas pelo costume), pela localização (por exemplo, propensão a inundações ou secas, ou insegurança e violência em alguns bairros pobres e muito populosos), pelas condições epidemiológicas (por exemplo, doenças endêmicas em uma região) e por outras variações sobre as quais uma pessoa pode não ter controle ou ter um controle apenas limitado (Sen, 2000, p. 110).

Para ele, a redução da escassez de renda não pode ser a motivação das políticas de combate à pobreza, pois ainda que haja relações entre o aumento das capacidades, o aumento da produtividade e o aumento do poder de auferir renda, estas relações são apenas instrumentais. O papel desempenhado pela renda no aumento das vantagens individuais é condicionado por outras variáveis que devem ser levadas em conta quando forem elaboradas políticas públicas. "Diferentes tipos de contingências acarretam variações sistemáticas na 'conversão' das rendas nos 'funcionamentos' [efetivações] distintos que podemos realizar, e isso afeta os estilos de vida que podemos ter" (Sen, 2000, p. 133). O combate à pobreza, portanto, deve ser formulado levando em conta a necessidade de intervir nas variáveis presentes no meio – os "diferentes tipos de contingência" a que Sen se refere.

A intervenção das políticas de desenvolvimento, de acordo com Sen, deve operar exatamente nos limites às liberdades de escolha. Esses limites são definidos por ele de duas maneiras: "a restrição dos bens passíveis de serem escolhidos pelo indivíduo" e o limite dado pelo "conjunto das diferentes maneiras que o indivíduo pode fazer uso de seus bens" (Machado e Pamplona, 2008, p. 71). A intervenção deve operar, portanto, no nível dos bens disponíveis e no nível do uso que se faz desses bens. Em outras palavras, trata-se da ampliação das oportunidades para que as pessoas utilizem ou adquiram novas capacidades.

A concepção do "desenvolvimento como liberdade" pretende promover a transformação de capacidades individuais e de suas formas de vida em bens e recursos para a promoção do desenvolvimento. Nesses termos, a tarefa do desenvolvimento é a criação de um ambiente de oportunidades para que as pessoas possam escolher a vida que valorizam o que pressupõe intervir junto aos elementos que privam as pessoas de realizar essas escolhas. Esta é a concepção que está no centro da adoção do Índice de Desenvolvimento Humano (IDH), divulgado pela ONU em 1990, como a nova forma de medir o avanço dos países em direção ao desenvolvimento, entendido agora como desenvolvimento humano. Está também presente na convergência pela redução da pobreza formulada pelo Banco Mundial e articulada à política de desenvolvimento em seu Relatório sobre o Desenvolvimento Mundial de 2000/2001 (BM, 2001).

## O desenvolvimento humano e a criação de um ambiente de oportunidades

A abordagem das capacidades de Amartya Sen toma a promoção do desenvolvimento como garantia de oportunidades. Esta formulação irá constituir a base teórica da abordagem do desenvolvimento humano que, por sua vez, fundamenta a atuação do PNUD/ ONU a partir de 1990. A elaboração dessa ideia de desenvolvimento humano é tributada ao economista paquistanês Mahbub ul Haq que define o desenvolvimento como o processo de expansão das escolhas possíveis das pessoas e o enriquecimento de suas vidas. O desenvolvimento humano pressupõe duas frentes de ação: a formação de capacidades humanas e o uso dessas capacidades inatas ou adquiridas – tanto para o lazer, para atividades produtivas ou para serem sujeitos ativos na sociedade (PNUD, 1990).

Os quatro traços essenciais dessa abordagem são: a garantia de um acesso igualitário às oportunidades entre os indivíduos (equidade), a transmissibilidade do horizonte de oportunidades presentes para as gerações futuras (sustentabilidade), o investimento nas pessoas (capital humano) e na garantia de um ambiente macroeconômico estável para que alcancem seu potencial máximo (produtividade), e o engajamento dos indivíduos nos processos que vão determinar suas vidas (empoderamento). De acordo com seus formuladores, a diferença entre as concepções anteriores de desenvolvimento e o desenvolvimento humano está no deslocamento do modo de incidência de suas estratégias. Esse deslocamento implica na mobilização das pessoas para que se tornem ativas no processo de desenvolvimento em oposição ao suposto enfoque das abordagens anteriores que as tomavam meros beneficiários passivos.

A abordagem das capacidades de Sen fornece o enquadramento normativo para o desenvolvimento humano de Haq. Esse novo quadro de referência adquire expressão política na publicação do primeiro Relatório do Desenvolvimento Humano pelo PNUD, em 1990. A ideia de um desenvolvimento em cujo cerne está o homem foi empunhada como referencial crítico aos efeitos do ajuste estrutural e como uma alternativa de desenvolvimento mais ampla em relação à abordagem voltada exclusivamente para a expansão material, que supostamente sustentara as reformas fiscalistas do Banco Mundial.

É, sobretudo, nas análises de Peter Evans (2003) que o lugar da perspectiva do desenvolvimento elaborada por Amartya Sen adquire centralidade para a doutrina da boa governança já em voga no Banco Mundial. Evans participara do debate sobre a inviabilidade política da implementação das reformas prescritas na década de 1980, dialogando com a revisão neoinstitucionalista dos pressupostos neoclássicos que as sustentaram. Em seu artigo "Análise do Estado no mundo neoliberal", de 1998, ele propõe a intervenção estratégica de um Estado-parceiro na promoção do desenvolvimento. Este é o sentido de sua alegação sobre novas perspectivas para o desenvolvimento que apontam para as "instituições de governança" como elemento chave na promoção do crescimento econômico. Contudo, ele circunscreve sua posição em um lugar distinto daquele proferido nos documentos do Banco Mundial do início da década de 1990 sobre a doutrina da boa governança – comentado no capítulo anterior – ao questionar o que chama de "implementação dominante" da perspectiva institucional que, segundo ele, se valera de modelos norte-americanos para "impor" planejamentos institucionais uniformes aos países do Sul. As instituições são centrais, mas não bastaria, na sua visão, que modelos prescritos nos países centrais fossem transpostos para a periferia. Para ele, a abordagem das capacidades de Amartya Sen fornece uma "resposta mais imaginativa" para esse problema: "O enfoque das capacidades de Amartya Sen defende com firmeza um foco em instituições que envolvem debate e intercâmbios públicos" (Evans, 2003, p. 20-21).

Evans (2003) questiona a imposição de uma "monocultura institucional"[11] como modelo de desenvolvimento para os países do "Sul" e indica as formulações de Amartya Sen como uma pro-

---

11 Parafraseando a permanência da monocultura agrícola, "uma atuação antiquada na agricultura", Evans (2003) denomina o aporte institucional "dominante" de "monocultura institucional". A alusão responde à ideia da manutenção de uma única "receita institucional" definida pelos países mais avançados como o melhor planejamento institucional para o desenvolvimento por meio da definição de um conjunto padrão de instituições necessário ao desenvolvimento a partir das realidades dos países avançados.

posta inovadora que coloca as dinâmicas locais no centro do desenvolvimento em contraposição aos "modelos que vêm de fora". O papel dos debates e intercâmbios públicos não seria resolver os problemas de desenvolvimento por si só, mas garantir espaço para a "participação local" nas políticas de desenvolvimento. As instituições não devem tornar-se um modelo fechado de planejamento a se replicar pelo mundo. Seu êxito dependeria do vínculo local e este é o mérito que as instâncias deliberativas de participação contrapõem à "monocultura institucional". Para Evans, a maior contribuição ao debate sobre o desenvolvimento das experiências[12] que analisou a partir da abordagem de Amartya Sen é demonstrar que a ajuda financeira internacional deve voltar-se para "experiências genuínas das comunidades", ao invés de impor-lhes modelos.

A abordagem das capacidades forneceu também o critério normativo em torno do qual foi criado o Índice de Desenvolvimento Humano (IDH) no âmbito do primeiro Relatório do Desenvolvimento Humano publicado pelo PNUD, em 1990. A formulação de Sen é, contudo, mais ampla do que a formalização

---

12 As duas "instituições deliberativas" analisadas por Evans foram o orçamento participativo da cidade de Porto Alegre e os conselhos de aldeia (*Panchayats*) no estado de Kerala, na Índia. O objetivo de sua análise era avaliar a eficácia de instituições deste tipo na melhor alocação de bens públicos. Para ele, tais exemplos sugerem que "(...) as instituições deliberativas parecem, de fato, ser eficazes ao engajarem a energia dos cidadãos comuns no processo de escolha social, satisfazendo, assim, o critério do ′fim-em-si-mesmo′ enfatizado pelo enfoque de Sen. Em segundo lugar, essas instituições parecem aumentar a disposição dos cidadãos de investir em bens públicos e melhorar a distribuição dos mesmos bens. Uma vez que tais bens coletivos (p.ex., serviços de saúde e educação, infraestrutura do transporte) são também meios de promover a produtividade, a contribuição potencial para o crescimento a longo prazo é implícita. Reduzir a violência e a corrupção no processo de governança é outro benefício intrinsecamente valioso e potencialmente intensificador do crescimento" (Evans, 2003, p. 22).

deste índice e ele mesmo questiona a sua insuficiência em não agregar as muitas variáveis que definem as situações de privação (Sen, 2000, p.127). Fukuda-Parr,[13] por outro lado, como diretora do Relatório de Desenvolvimento Humano desde 1995, ressalta que a maior dificuldade para a aplicação da abordagem do desenvolvimento humano é a seleção de quais capacidades são mais importantes para serem fomentadas, já que são infinitas as possibilidades de escolha dos indivíduos. Apesar dessas dificuldades, a formulação do desenvolvimento humano presente no Relatório de 1990 estabelece três escolhas como essenciais para que outras oportunidades se tornem acessíveis: a longevidade (definida pelo indicador de expectativa de vida ao nascer), o conhecimento (no primeiro Relatório, apenas a taxa de alfabetização era utilizada, mas depois outra variável passou a compor o indicador na seguinte proporção: 2/3 à taxa de alfabetização e 1/3 para a média dos anos de escolaridade), e o acesso aos recursos necessários para se ter um padrão de vida decente (definido pelo indicador do PIB

---

13 Sakiko Fukuda-Parr, economista japonesa, coordenou por cerca de dez anos a elaboração dos Relatórios do Desenvolvimento Humano do PNUD. Antes, trabalhou como oficial de empréstimo no Banco Mundial entre 1974 e 1979, e ingressou na esfera das agências das Nações Unidas: como conselheira técnica em Economia e Agricultura no PNUD entre 1979 e 1985, como conselheira para a República do Burundi (África) entre 1986 e 1991, e como chefe da Divisão da África ocidental entre 1992-1994; para finalmente assumir a coordenação dos Relatórios do PNUD entre 1995 e 2006 (dados do Instituto de Desenvolvimento Humano e Sustentável da PUC-MG: www.idhs.pucminas.br – *acesso em agosto de 2008).* Atualmente (2018), Fukuda-Parr é professora na *The New School* em NY, no programa de assuntos internacionais onde é responsável pela área de desenvolvimento. <https://www.newschool.edu/public-engagement/faculty-list/?id=4e44-6378-4e6a-4135>, acesso em 17/01/2018. Segundo sua biografia, ela foi coordenadora dos Relatórios do PNUD até 2004 <https://sakikofukudaparr.net/>, acesso em 17/01/2018.

per capita ajustado pela Paridade do Poder de Compra) (Machado e Pamplona, 2008, p. 62).

Como resposta à suposta situação de conflito entre a fixação do índice e o caráter amplo da formulação de Sen, os Relatórios do Desenvolvimento Humano – e mesmo a própria noção das capacidades tal como ele a formulou – enfatizam que o mérito das capacidades humanas está na diversidade de sua variação no tempo e no espaço. O enquadramento está aberto a constantes reavaliações, sempre com a possibilidade de inclusão de novas maneiras de mensurar e avaliar as capacidades humanas - "o conceito de desenvolvimento humano tem deliberadamente mantido a ênfase na escolha de capacidades, de forma que elas podem variar no tempo e lugar" (Fukuda-Parr, 2002, p. 5).

De qualquer maneira, foi a criação do IDH que colocou a noção de capacidade no centro das novas formulações do desenvolvimento. O fato de esta noção traduzir uma visão de progresso calcada na capacidade das pessoas valorizarem seus recursos de vida (formulados por Sen como liberdades) e de que a tarefa das políticas de desenvolvimento é fomentar essas capacidades parece fornecer a medida das novas referências normativas em torno das quais as políticas sociais e econômicas são elaboradas.

O IDH foi formulado como a medida alternativa ao PIB para avaliar o desenvolvimento. Nos anos seguintes à elaboração desse índice aconteceram as Conferências do "Ciclo Social" da ONU e a publicação anual, pelo PNUD, de Relatórios do Desenvolvimento Humano abordando temas específicos com o objetivo de detalhar o desenvolvimento humano em termos de planejamento, administração e financiamento.[14] Estes Relatórios foram o ponto

---

14 Estes *Relatórios Anuais* seguem sendo publicados desde então e estão disponíveis para consulta na página do PNUD: www.br.undp.org.

de chegada de um debate que se desenrolava no âmbito da ONU, desde a década de 1960, em torno da crítica ao modelo de desenvolvimento avaliado apenas pelo crescimento econômico e pela relação PIB per capita como forma de medida. Este debate levaria à incorporação das dimensões sociais e humanas ao conceito de desenvolvimento que, no âmbito da ONU, significou a incorporação dos direitos humanos como um componente central de suas políticas (Perrone-Moisés, 1999).

A invenção do desenvolvimento humano é, portanto, um efeito de controvérsias internacionais em torno da reformulação do conceito de desenvolvimento que remontam à década de 1960. Em 1961, é criado o primeiro Programa das Nações Unidas para o Desenvolvimento, no qual firma-se a opção pela aceleração do progresso via crescimento auto-sustentado das nações. O que estava em jogo era a constatação de que o subdesenvolvimento era um problema de caráter global e, portanto, exigia "solidariedade internacional" para ser resolvido (Perrone-Moisés, 1999, p. 180). Pactos e acordos internacionais foram estabelecidos neste âmbito: o Pacto Internacional relativo aos Direitos Econômicos, Sociais e Culturais (1966); a Declaração sobre o progresso social e o desenvolvimento no campo social (1969); durante a Assembleia Geral, a recomendação da abertura de negociações para a cooperação econômica internacional a serviço do desenvolvimento (1979); culminando na afirmação, pela Assembleia Geral de 1986, do desenvolvimento como um direito internacional. As Nações Unidas empenham-se em fazer cumprir este direito, cuja realização foi associada à eliminação da pobreza, enunciada como o principal problema mundial (Perrone-Moisés, 1999).

O direito internacional ao desenvolvimento é "consagrado", segundo Perrone-Moisés (1999), na Declaração aprovada na Conferência do Meio Ambiente, a Eco-92. Várias reuniões das Nações

Unidas tiveram foco na discussão de uma nova concepção de desenvolvimento. O conceito de "desenvolvimento sustentável", formulado em 1987 na Comissão Mundial para o Meio Ambiente (comissão Gro Brutland, ex-primeira ministra da Noruega que a presidiu), foi introduzido no documento final da Eco-92 – conhecido como a "Agenda 21". Em 1994, o então Secretário-Geral da ONU, Boutros-Boutrus Ghali, lança o documento "Agenda para o Desenvolvimento" a ser discutido no ano seguinte na Cúpula de Copenhague para o Desenvolvimento Social. Nesse mesmo ano, o Relatório de Desenvolvimento Humano, que já estava em sua quarta edição, aparece sob o título: "Uma agenda para a Cúpula Social", configurando, também, termos que seriam discutidos na Cúpula:

> [o documento] concentra-se no debate sobre um programa concreto de medidas de escalas nacional e mundial sobre os elementos constitutivos de uma nova ordem mundial centrada nas pessoas (...) indica que para se enfrentar o desafio da segurança humana é necessário um novo modelo de desenvolvimento e um novo projeto de cooperação para o desenvolvimento (Cano, 2006, p. 108).

Amartya Sen fez parte da equipe de consultores que elaborou o primeiro Relatório do Desenvolvimento Humano do PNUD, em 1990, sob a coordenação do economista paquistanês Mahbub ul Haq. Haq que trabalhara anteriormente no Banco Mundial (1967-82)[15] e fora um importante assessor de McNamara na formulação

---

15 Entre 1966-1967, esteve no Instituto de Desenvolvimento Econômico – ligado ao Banco Mundial –, ano em que passou efetivamente para o quadro da organização no Departamento de Econômico de Planejamento de Investimento. Entre 1970-1971, foi conselheiro no Departamento de Programa e Orçamento; entre 1971-1972, diretor do Departamento de Economia; e entre 1972-1982, diretor do Departamento de Planejamento de Política e Revisão de Programas <www.worldbank.og>.

da agenda das "necessidades básicas". Fora também Ministro da Economia do Paquistão (1982-1984) e ingressara no PNUD, em 1989, para a elaboração do Índice de Desenvolvimento Humano (IDH). Nesse trabalho, uniu importantes economistas, dentre eles alguns com quem trabalhara no Banco Mundial (na elaboração da abordagem das "necessidades básicas") e no Paquistão. A despeito da importância de Haq, a abordagem de Amartya Sen é reconhecida como definidora dos fundamentos normativos do desenvolvimento humano. Entre outras referências, o comentário de Fukuda-Parr (2002) explicita que "foi o trabalho de Amartya Sen a respeito de capacidades e funcionamentos [efetivações] que gerou as fortes fundações conceituais do novo paradigma. O desenvolvimento humano foi definido como um processo de expansão de escolhas dos indivíduos – em outras palavras, funcionamentos [efetivações] e capacidades para funcionar, tudo aquilo que a pessoa pode fazer e ser na sua vida". A transposição não apenas do argumento, mas de trechos e frases dos trabalhos de Sen para os Relatórios de Desenvolvimento Humano encontra aqui sua explicação.

De acordo com o primeiro Relatório, o caminho para um maior desenvolvimento é dado pela "criação de um ambiente de oportunidades para que as pessoas desfrutem de uma vida longa, saudável e criativa" (PNUD, 1990, p. 9). Na mesma linha do argumento de Sen, o Relatório questiona a primazia da expansão da renda e da riqueza como determinante do desenvolvimento. A renda não é o fim do desenvolvimento, mas um meio para alcançar seu objetivo central que é o "ser humano" – a liberdade de escolha do homem. Nesta perspectiva, o desenvolvimento é o processo de ampliação das oportunidades do homem para a expansão e o uso de suas capacidades. A vida longa, a segurança, a participação comunitária e a garantia dos direitos humanos figuram entre as oportunidades vislumbradas pelo desenvolvimento humano segundo o Relatório.

De acordo com esta abordagem, tomada de empréstimo dos estudos de Sen, o desenvolvimento humano é o processo de expansão das escolhas das pessoas. O bem-estar da sociedade depende do uso que se faz da renda, seu nível não é necessariamente o aspecto mais importante. O Relatório enfatiza que o foco da utilização da renda é o aspecto mais importante para o bem-estar social. Esse é o sentido de afirmar que a renda deve ser investida no potencial das pessoas que compõem a sociedade a fim de capacitá-las a fazer boas escolhas, já que o mais importante é garantir que sejam feitas escolhas eficientes e dirigidas para o bem-estar humano.

A questão central do documento do PNUD é o estudo da eventual tradução do crescimento do PIB no desenvolvimento humano de "várias sociedades". Estas "várias sociedades" são treze países nos quais se realizaram "experiências relevantes" de desenvolvimento humano entre os anos 1960-1980: Coreia, Botsuana, Sri Lanka, Costa Rica, China, Chile, Jamaica, Colômbia, Quênia, Zimbábue, Brasil, Nigéria e Paquistão. Com base na análise de dados sobre estes países, o Relatório procura demonstrar que a relação entre crescimento econômico e desenvolvimento humano não é automática. O fato de haver sociedades nas quais altos níveis de desenvolvimento humano foram alcançados, enquanto os níveis de PIB continuaram baixos, e por outro lado, sociedades que falharam em traduzir seus altos níveis de PIB e crescimento econômico em altos níveis de desenvolvimento humano confirmava a hipótese. Este raciocínio é que sustenta a apresentação do Índice de Desenvolvimento Humano (IDH) como a nova medida para o desenvolvimento.

Com base na definição de três elementos essenciais à vida humana: longevidade, conhecimento e padrão de vida decente, o

IDH é formulado tendo como base três indicadores: expectativa de vida ao nascer, alfabetização e renda per capita. O esforço, dizem seus formuladores, é desenvolver uma composição de indicadores que una a renda aos indicadores sociais, pois entende-se que cada um deles enfatiza uma dimensão da vida humana – econômica ou social; meio e fim do desenvolvimento, respectivamente. De acordo com o Relatório, o IDH sustenta-se em uma equação matemática que indica a transferência de recursos econômicos da renda para níveis correspondentes de desenvolvimento humano. Segundo o levantamento realizado nos três indicadores do desenvolvimento humano ao longo das décadas de 1960, 1970 e 1980, nos treze países analisados, o Relatório conclui que houve melhora nos indicadores que compõem o IDH, a despeito do aumento da desigualdade de renda entre os países, constatando que um progresso humano significativo – nas dimensões de longevidade e conhecimento – coexiste com privações econômicas.

Os formuladores do IDH já incorporavam suas deficiências, ao menos em dois sentidos: afirmavam que como os indicadores base são médias de desempenho, escondem as disparidades existentes, por outro lado, discutiam que a produção de dados no mundo é deficitária e, portanto, não haveria como produzir tais indicadores sem uma melhoria na produção. No caso desta segunda deficiência, o PNUD, ao mesmo tempo em que indica o problema, apresenta a solução: oferece inúmeras maneiras de os países aperfeiçoarem a produção interna de dados por meio de cursos e programas de transferência de capacitação técnica. Cursos e programas que são importantes espaços de difusão desta orientação para o desenvolvimento e que serão mobilizados ao longo da década na convergência em torno da estratégia de redução da pobreza. Nesse primeiro momento de sua difusão (início da década de 1990), a orientação do desenvolvimento humano expressa pelo PNUD era formulada criticamente à agenda do Banco Mundial. Porém, a redefinição operada no interior desta organização em direção à doutrina da boa governança apresenta elementos da convergência, em cujo centro está a abordagem das capacidades, que será anunciada no final desta década com o lançamento da nova estratégia de desenvolvimento do Banco Mundial – como será discutido no próximo capítulo.

Já no primeiro Relatório do PNUD, o foco do desenvolvimento é voltado prioritariamente para os mais pobres – sejam os países mais pobres ou os segmentos mais pobres da população no interior dos países, a estratégia vale para ambos. O mercado é considerado o lugar por excelência da alocação mais eficiente de recursos, mas não é, como para o liberalismo clássico, o mecanismo que garante a justiça distributiva. Fazem-se necessárias políticas destinadas a transferir renda e outras "oportunidades econômicas" para os mais pobres (políticas sociais focalizadas). Os países desenvolvidos devem ajudar os menos desenvolvidos no desenho de políticas voltadas para os mais pobres por meio da transferência de tecnologia (ferramentas que não interfiram na alocação eficiente de recursos pelo mercado). Outra estratégia anunciada pelo Relatório para a focalização de políticas nos mais pobres é a priorização dos orçamentos nacionais em atividades que contribuam com o progresso no desenvolvimento humano, evitando o "mal uso" dos gastos: militares, com aposentadorias, funcionários ineficientes, controles governamentais desnecessários, subsídios sociais mal focalizados. Vêm-se aí exatamente os alvos da reestruturação orçamentária presentes na reforma do Estado prescrita pelo Banco Mundial na década de 1990, mesmo que o PNUD (tal como outras agências da ONU) vocalizasse críticas às reformas prescritas pelo Banco.

A década de 1990, segundo o PNUD, figura como a década da emergência de um consenso sobre os "objetivos reais das estratégias de desenvolvimento". Segundo o Relatório, o objetivo do desenvolvimento foi resumido pelo comitê das Nações Unidas para o planejamento econômico da seguinte forma: o centro do desenvolvimento é o homem, na medida em que se entendeu internacionalmente que a verdadeira razão do desenvolvimento econômico é o processo de expansão das capacidades das pessoas – "o processo de desenvolvimento econômico está sendo entendido, cada vez mais, como um processo de expansão das capacidades das pessoas" (PNUD, 1990, p. 61). Para que o objetivo do desenvolvimento seja alcançado, o Relatório aponta a necessidade de acelerar o crescimento econômico em prol do desenvolvimento humano, reduzir a pobreza absoluta e prevenir a deterioração futura do meio ambiente. A proteção ao meio ambiente aparece aí formulada como sustentabilidade, na orientação da noção de desenvolvimento sustentável que tem sua origem em 1987 (na Comissão Gro Brutland) e incorpora a preocupação com a proteção tanto de "ativos materiais" (recursos materiais propriamente) quanto de "ativos humanos" (a vida das futuras gerações).

O Relatório mostra as políticas e estratégias alternativas a serem perseguidas para alcançar o foco real do desenvolvimento: as pessoas. A ideia do homem no centro do desenvolvimento é traduzida pelo PNUD como a necessidade de que as pessoas tomem suas vidas em suas próprias mãos. Pessoas que tomam a vida em suas próprias mãos, diz o Relatório, "estão mais aptas a acharem empregos e ganhar melhores salários", "têm maior acesso à informação, como a adquirida em treinamentos e são mais aptas a serem bem-sucedidas, seja como agricultores, seja como empresários", "os mais bem educados contribuem com a cultura, com a política, com a ciência e com a tecnologia". Estas pessoas "são mais valiosas para a sociedade e melhor equipadas para elas mesmas" (PNUD, 1990, p. 26).

O sucesso dos países em cuidar dos mais pobres está relacionado ao monitoramento sistemático das variáveis econômicas e humanas. O crescimento econômico é fundamental para a expansão da renda, do emprego e dos gastos governamentais com o desenvolvimento humano desde que bem administrado. Nesse Relatório de 1990, o PNUD dizia que o fim dos déficits fiscais era fundamental para os avanços em desenvolvimento humano não se perderem. Uma gestão política eficiente é a condição para que o crescimento econômico favoreça o desenvolvimento humano. É possível perceber, aí, pontos de convergência com a agenda dos programas de reestruturação do setor público prescritos nos anos 1990. Problemas indicados nesse primeiro Relatório recebem novas formulações, no decorrer na década e, sobretudo, quando se converge na formulação dos objetivos (quantificáveis) do milênio (ODM), lançados pela ONU em 2000.

A influência de Sen se desdobrou na continuação da publicação dos Relatórios de Desenvolvimento ao longo da década de 1990 e 2000, por meio da produção de artigos que subsidiaram a redação de muitos de seus capítulos. Conforme comenta Fukuda-Parr (diretora dos Relatórios do Desenvolvimento Humano), Sen continuou a influenciar "para enriquecer os conceitos básicos e os instrumentos de medida[16] para abordar novas áreas de desafios de desenvolvimento de políticas que o Relatório anual, por sua vez, focalizava, desde o desenvolvimento sustentável (1994),

---

16 "(...) prosseguindo com as suas extensões que refletem progresso em igualdade de gênero (medida relacionada a desenvolvimento de gênero, IDG e medida de empoderamento de gênero, MEG, desenvolvida em 1995); também se inclui nessa relação a mensuração de pobreza em vidas humanas, em oposição ao Índice de Pobreza Humana (IPH), publicado em 1997" (Fukuda-Parr, 2002, p. 3).

igualdade de gêneros (1995), pobreza (1997), consumo (1998), direitos humanos (2000), e democracia (2002). Esses Relatórios têm também refletido o próprio trabalho de Sen dos anos 90, sobre liberdade, participação e agência". Da mesma maneira que as formulações de Sen deram sustentação aos Relatórios, estes impulsionaram o seu trabalho ao "explorar as implicações políticas nas áreas de maior significado contemporâneo" (2002, p. 2-3).

Sen defende uma "abordagem múltipla" do desenvolvimento que significa uma atuação em equilíbrio entre diferentes instituições em sua promoção: governo, outras instituições políticas e sociais, e mecanismos de mercado. O sentido dado por este novo arranjo institucional "múltiplo" era o de "equilibrar o papel do governo (...) com o funcionamento do mercado". Segundo o autor, tratou-se de rever a opção por uma "estratégia única de desenvolvimento" e apostar em uma abordagem "integrada e multifacetada" do processo por meio do "progresso simultâneo em diferentes frentes, incluindo diferentes instituições que se reforçam mutuamente" (2000, p. 151-2). A importância do mercado aí, de acordo com Sen, é dada em função de sua característica de sistema básico pelo qual "as pessoas podem interagir e dedicar-se a atividades vantajosas para todos" (2000, p. 169). Ainda que o mercado seja também valorizado por seu papel de contribuir no aumento do crescimento econômico e do progresso econômico global, o autor o valoriza em si e não como um meio de alcançar o progresso econômico. O mercado como lugar por excelência das trocas (de bens, palavras, presentes), ideia tributada a Adam Smith, expressa uma das liberdades básicas do homem.

Sob o argumento de que é necessário complementar a atuação dos mercados, sobretudo em lugares nos quais a liberdade de trocas está ausente, Sen defende o papel desempenhado por instituições externas a ele. Este argumento é também encontrado nos documentos do Banco Mundial a partir dos anos 1990, nos marcos da doutrina da boa governança, e nos Relatórios do PNUD sobre o desenvolvimento humano (PNUD, 1990). Já que os problemas que surgem relacionados ao mercado provêm de fontes externas a ele – como exemplos, cita "(...) o despreparo para usar as transações do mercado, o ocultamento não coibido de informações ou o uso não regulamentado de atividades que permitam aos poderosos tirar proveito de sua vantagem assimétrica" (2000, p. 169), – são estes lugares que devem ser ajustados. Tais ajustes são implementados por meio de políticas de garantia do compartilhamento dos benefícios do mercado, políticas que garantam que a população tenha acesso ao processo de expansão econômica. Este acesso, por sua vez, será permitido pela criação de "oportunidades sociais": a provisão de educação básica, de assistência médica elementar ou pela disponibilidade de recursos importantes para alguma atividade econômica, como a terra, por exemplo. O Japão é analisado como o primeiro país que intensificou o crescimento de sua economia por meio da "oportunidade social", em especial a educação básica: "O desenvolvimento econômico do Japão foi claramente muito favorecido pelo desenvolvimento dos recursos humanos relacionado com as oportunidades sociais que foram geradas" (2000, p. 58). As demais economias dos países vizinhos seguiram o exemplo e adotaram políticas voltadas para expansão da educação e da saúde – formuladas como investimentos em capital humano – antes de resolver o problema da insuficiência de renda.

 A questão não é desconsiderar a importância do crescimento econômico, mas de refletir sobre as condições colocadas para o progresso de países nos quais o crescimento está ausente. A referência modelar são as estratégias desenvolvidas nos países asiáticos. De acordo com Sen, estas estratégias mostram como baixos níveis de renda não são impedimentos à melhoria das condições de vida da população. O exemplo do estado indiano de Kerala é explorado pelo autor como um caso paradigmático. A despeito do baixo índice de renda per capita, Kerala alcançou um alto índice de desenvolvimento humano: altos índices de expectativa de vida, baixas taxas de fecundidade, alto nível de alfabetização, e etc. Neste caso indiano, Sen constata que o êxito nos indicadores de desenvolvimento humano não se transferiu para a elevação da renda. Porém, como para a concepção formulada por ele, a renda não é o foco prioritário, não há graves problemas (Sen, 2000, p. 66).

Na visão de seus operadores, o mérito da abordagem do desenvolvimento humano está na percepção de que o combate à pobreza não é apenas uma questão de acesso aos serviços públicos, mas de garantir o acesso ao poder político que está fora do alcance dos pobres. De acordo com Fukuda-Parr, os Relatórios do Desenvolvimento Humano de 2000 e 2002 registram o deslocamento da antiga preocupação com o crescimento econômico para a ênfase no "empoderamento político": "O 'empoderamento de pessoas' requer instituições sociais e políticas com as quais as pessoas possam contar para desfrutar de liberdade civil e políticas básicas, e usá-las para lutar por seus interesses" (2002, p. 10).

As estratégias de desenvolvimento humano são assumidas como um avanço em relação à "época do planejamento" rumo à "época da globalização". Esta "evolução" estaria presente na alteração das prioridades dos Relatórios do Desenvolvimento Humano (RDHs) ao longo de suas diferentes edições anuais: "de investimentos públicos para incentivos, de medidas econômicas para políticas democráticas, da educação e saúde para liberdades civis e democráticas, de políticas econômicas e sociais para instituições políticas". O foco na construção de capacidades para a realização de escolhas humanas tornou-se mais explícito nos Relatórios da década de 2000, o que expressaria sua maior atenção (e sintonia) aos desafios do mundo globalizado.

Em 1990, o RDH afirmou: O desenvolvimento humano é o processo de alargamento das escolhas do indivíduo. (...). Em 2001, o Relatório estabeleceu: O desenvolvimento humano diz respeito à criação de um ambiente no qual os indivíduos possam desenvolver seu potencial pleno e ter vidas produtivas, criativas, de acordo com suas necessidades e interesses. (...) construir capacidades humanas é fundamental para aumentar as escolhas (Fukuda-Parr, 2002, p. 11).

A abordagem de Sen constitui um enquadramento aberto, adaptável às diferentes situações das populações e dos países pobres no desafio do desenvolvimento, em resposta às políticas de desenvolvimento praticadas até a década de 1990, que são avaliadas como uma "ortodoxia rígida" (2002, p. 1) que prescrevia um conjunto fechado de políticas a serem adotadas pelos países (Fukuda-Parr, 2002; Stiglitz, 1998). Segundo Fukuda-Parr, "a abordagem de desenvolvimento humano não constitui uma rígida receita de prescrições políticas, com uma lista de 'destinação' e uma lista de ingredientes indicando como chegar lá" (2002, p. 8). Ainda que a própria Fukuda-Parr prescreva uma agenda geral composta por cinco elementos[17] que conformam o que ela chama

---

17 Os cinco elementos da "agenda geral" do desenvolvimento humano são: 1. "prioridade para 'desenvolvimento social', com metas de expansão da educação e oportunidade de saúde"; 2. "crescimento econômico que gera recursos para o desenvolvimento humano, nas suas várias dimensões", 3. "reformas sociais e políticas para a governança democrática, que assegure direitos humanos, de forma a permitir que as pessoas vivam com dignidade e em liberdade, expansão da agência coletiva, participação e autonomia", 4. "equidade nos três elementos acima, refletindo preocupação com todos os indivíduos. Atenção especial com relação aos destituídos e aos pobres, cujos interesses são frequentemente negligenciados nas políticas públicas", e 5. "reformas institucionais e políticas na esfera global, criando um ambiente econômico mais favorável para que os países pobres tenham acesso aos mercados globais, à tecnologia, à informação" (Fukuda-Parr, 2002, p. 8).

de "Consenso de Nova Iorque", em referência ao papel desempenhado pelas Nações Unidas. A referência ao Consenso de Washington é aqui direta já que as reformas sintetizadas eram prescritas pelo Banco Mundial e pelo FMI, sediados na capital dos Estados Unidos. A definição dos Relatórios do Desenvolvimento Humano é bastante similar à formulação de Stiglitz (1998) sobre o novo paradigma do desenvolvimento cuja base são estratégias, no lugar de planos e planejamento: "Eles (RDHs) se caracterizam por um escopo mais abrangente, o de estabelecer um enfoque de desenvolvimento, com uma agenda de prioridades políticas, ferramentas de análises e medidas, e uma moldura conceitual coerente" (Fukuda-Parr, 2002, p. 2).

O novo paradigma anunciado por Stiglitz (1998), quando ainda estava à frente do Banco Mundial, converge com o enquadramento do desenvolvimento proposto pela abordagem de Amartya Sen presente nos Relatórios do PNUD. O centro desta convergência é o deslocamento do que se entende por desenvolvimento: de um processo de acúmulo de riquezas para a garantia de um "ambiente de oportunidades" para que o homem desfrute dos benefícios da globalização mediante a expansão e o exercício de suas capacidades. O foco é deslocado claramente para os pobres que passam a ser o alvo prioritário das estratégias, funcionando como o ponto determinante para o equilíbrio saudável da economia de mercado. Gerir os níveis de pobreza é o objetivo das ferramentas de análise e medidas que constroem essa nova abordagem do desenvolvimento, deixando a esfera de valorização financeira devidamente blindada.

A possibilidade eminente de explosão dos conflitos sociais e políticos, desde os tempos da Aliança para o Progresso, já era associada às regiões mais pobres do planeta; daí a centralidade que o controle social das periferias sempre ocupou nas políticas de desenvolvimento do Banco Mundial. Contudo, até aqui as intervenções sociais eram instrumentos compensatórios e paliativos ao padrão de desenvolvimento adotado, na medida em que buscavam remediar os efeitos de um padrão de crescimento que sempre excluiu boa parte da população. Exclusão que aconteceu tanto na difusão do modelo de produção agrícola que valorizava a concentração fundiária e o uso de insumos químicos, como na adoção de um modelo de industrialização estruturada no endividamento externo e na contenção salarial, ou mesmo no estímulo mais recente às privatizações das grandes empresas estatais, sobretudo em setores estratégicos das economias nacionais. O que há de novo nesse "consenso das oportunidades" é que a estratégia de combate à pobreza é tornada autônoma em relação ao padrão de crescimento econômico e torna-se uma área de intervenção específica.

Nessas "áreas de pobreza" em que se tornaram as periferias, como lembra Chesnais (1996), a intervenção junto aos pobres (populações, regiões ou países inteiros) é formulada como uma estratégia que os toma como "parceiros" na continuidade das reformas liberalizantes. O foco na garantia das oportunidades para o aproveitamento dos benefícios da globalização a partir da defesa das liberdades humanas é o que está na raiz desse novo consenso. Será a relação de parceria com os pobres do mundo que vai operar o deslocamento do social para o centro das reformas econômicas. Um dos aspectos da construção do consenso político interno aos países para sustentar as reformas liberalizantes é a mobilização dos pobres como atores comprometidos com a realização dessas reformas. Como se discutirá no próximo capítulo, tal mobilização contará com a articulação dos eixos Oportunidade, Empoderamento e Segurança que articulam a emergência da iniciativa da redução da pobreza nas prescrições para o avanço das relações mercantis.

# A redução da pobreza como estratégia de liberalização

O novo consenso mundial que dá forma ao "pós-Consenso de Washington"[1] articula o governo do social como seu elemento central. Longe da mera denúncia do caráter restrito das políticas sociais focalizadas do Banco Mundial (por referência a uma suposta agenda universalista dos direitos sociais), o que este capítulo vai mostrar é que o cerne desse novo consenso está no deslocamento

---

[1] Esta expressão foi cunhada por Stiglitz, em janeiro de 1998 em uma Conferência proferida no Instituto Mundial de Pesquisa em Desenvolvimento Econômico quando acabara de chegar ao Banco Mundial (*World Institute for Development Economics Research - WIDER*). O significado dado por ele não é o mesmo do mobilizado neste livro, mas sua utilização se vale de uma opção pelo realismo político. Ou seja, entende-se que a convergência operada em meados da década de 1990 em torno da estratégia de redução da pobreza e que alcançaria outros desdobramentos, que também serão discutidos neste texto, constituiu realmente uma virada para além do Consenso de Washington. O objetivo aqui não é participar do debate em torno das estratégias deste novo consenso, nem avaliar sua vitória ou fracasso, mas problematizar seus caminhos no sentido da formação de uma outra convergência política – o consenso das oportunidades – em torno da qual convergem atores que estavam outrora fora do âmbito das decisões no plano internacional.

do social para o centro das reformas econômicas. Esse deslocamento é operado por meio das novas referências normativas que articulam a ideia de desenvolvimento humano à abordagem das capacidades de Amartya Sen, primeiramente no âmbito das Nações Unidas, mas depois consagrada na agenda do Banco Mundial. O social, por meio dessa abordagem, é mobilizado de maneira funcional para a configuração de uma modulação das políticas de ajuste e passa a ser o eixo que constrói a plausibilidade em torno da implementação dessas reformas. Há uma mudança de ênfase aqui com a emergência das novas ideias de empoderamento (*empowerment*), de proteção (*securing*) dos pobres por meio de serviços básicos, das parcerias locais, da descentralização e da construção institucional. O plano de referência dessas novas ênfases é a emergência da iniciativa da redução da pobreza, nas prescrições para o desenvolvimento que se desdobra na interface entre as primeiras reformas do ajuste e a doutrina da boa governança. Não se trata do abandono do projeto neoliberal presente no ajuste estrutural, mas sim de uma nova formulação para esse projeto no qual uma gestão eficiente dos problemas sociais contribuiria para a minimização dos riscos de disrupção inerentes às políticas liberalizantes. A novidade são os meios pelos quais as partes mais pobres do planeta são governadas (Craig e Porter, 2006). Trata-se de uma forma que implica diretamente os pobres enquanto parceiros dessa estratégia de governo e não mais meros alvos ou beneficiários dos programas de desenvolvimento. Há outro campo de questões em torno do desenvolvimento que ganha dimensões internacionais na articulação entre o Banco Mundial e as Nações Unidas.

A intenção deste capítulo é mostrar que as controvérsias em torno da atuação programática do Banco Mundial nos anos 1980 e 1990 foram responsáveis pela sedimentação de ideias que articulam em um mesmo conjunto de prescrições as linhas gerais do ajuste estrutural, com foco no suposto objetivo de crescimento econômico, no mesmo passo que algumas críticas ao ajuste sofridas pelo próprio Banco. Dentre essas ideias, a ênfase na experimentação e na inovação das políticas com acento nas decisões locais foi o enunciado capaz de aglutinar as organizações financeiras multilaterais (Banco Mundial, FMI e os bancos regionais de desenvolvimento) e as Nações Unidas. Esta ideia ganha corpo no final da década de 1990 por meio de dois acontecimentos: o lançamento da nova agenda de desenvolvimento do Banco Mundial – *Comprehensive Development Framework* (Quadro de desenvolvimento abrangente) e a redefinição da agenda de redução da pobreza do Banco presente no Relatório sobre o Desenvolvimento Mundial de 2000/01: *Attacking the Poverty*, que acompanha a inflexão já presente nos Relatórios de Desenvolvimento Humano, desde 1990, publicados anualmente pelo Programa das Nações Unidas para o Desenvolvimento (PNUD).

O estabelecimento desses novos parâmetros, grafado na proposta do economista Joseph Stiglitz, então economista-chefe e vice-presidente do Banco Mundial, fornece um novo paradigma de desenvolvimento. Essa proposta abriu espaço para a convergência das diretrizes do Banco com a abordagem das capacidades de Amartya Sen. Sua análise aqui é feita como mais um elemento das controvérsias em torno da melhor condução das reformas liberalizantes do ajuste.

## O desenvolvimento como um planejamento estratégico de "transformação" da sociedade

Joseph Stiglitz assume a posição de economista-chefe do Banco Mundial em 1997. No ano seguinte, realiza duas importantes conferências que registrariam os traços da sua abordagem para o desenvolvimento baseada em uma crítica propositiva às reformas do Consenso de Washington. Esta postura conformava o horizonte do debate interno ao próprio Banco Mundial, já desde os primeiros anos da década de 1990, mas ganharia o peso de uma ampla estratégia voltada diretamente aos pobres apenas com Stiglitz. Com um intervalo de nove meses entre uma e outra conferência,[2] o economista tece sua crítica aos instrumentos e objetivos do antigo consenso e sintetiza a nova abordagem assumida oficialmente pelo Banco Mundial, em 1999, sob o título de *Comprehensive Development Framework* (Quadro de desenvolvimento abrangente).

Não se pretende aqui entrar no mérito da eficácia econômica das recomendações defendidas por Stiglitz. O que interessa é apontar os elementos de sua crítica propositiva que apontaram para reformulações da estratégia prescrita pelo Banco Mundial e que foram acompanhadas da reformulação do referencial normativo a partir do qual o aspecto humano passou ao centro da noção de desenvolvimento. Procuram-se atar dois lados de uma questão que comumente são analisados separadamente. De um lado, a reformulação da estratégia de desenvolvimento do Banco em direção a uma posição que passa a levar em conta as particularidades e especificidades de cada localidade (Stiglitz, 1998; Rodrik, 2008 e 2006) e, de outro, o referencial que passa a prescrever os problemas que interpelam as sociedades em termos da necessidade de aumentar as oportunidades para que cada um faça uso de suas capacidades (Sen, 2000).

---

2 "*Moral instruments and broader goals: moving toward the post-Washington Consensus*", apresentada como a Conferência Anual do *World Institute for Development Economic Research* (*WIDER Lecture*) em Helsinki (janeiro de 1998) e "Towards a new paradigm for development: strategies, policies, and processes", apresentada como a Conferência Anual *Prebisch Lecture* da UNCTAD em Genebra (Stiglitz, 1998).

Na Conferência *"Towards a new paradigm for development: strategies, policies, and processes"*, realizada em outubro de 1998, Stiglitz reivindica a elaboração de um novo paradigma de desenvolvimento a partir da análise crítica das políticas do antigo Consenso de Washington, que, na sua visão, teriam sido elaboradas mediante a confusão entre meios e fins. A estabilidade de preços e o controle da inflação foram tomados como objetivos últimos em detrimento da atenção ao crescimento sustentado; a privatização e a liberalização comercial tomadas como a finalidade do processo, quando deveria tratar-se de meios para a constituição da infra-estrutura institucional necessária para fazer os mercados funcionarem bem (1998, p. 1). Contudo, trata-se de uma crítica propositiva, uma vez que consubstanciada na doutrina da boa governança e aportada pela visão situacional e "holística" de Amartya Sen, não antagoniza a prescrição de medidas liberalizantes senão que trata de garantir o enraizamento de uma gestão mercantil dos vínculos de solidariedade, tradicionais ou não.

Stiglitz propõe reformular a noção de desenvolvimento no que ele chama de um novo paradigma a partir do deslocamento das antigas concepções do desenvolvimento, entendidas por ele como planos e projetos, para uma abordagem que prescreveria "um processo abrangente de transformação da sociedade" (2000 e 1998). Ele circunscreve sua crítica ao Consenso de Washington na defasagem das reformas prescritas em relação às transformações pelas quais o mundo teria passado desde as últimas décadas do século XX. No caso, ele se refere às experiências de crescimento da Ásia que não seguiram as receitas prescritas pelo FMI e pelo Banco Mundial e cujo sucesso é atribuído exatamente a este aspecto, bem como à crise financeira que eclodira na mesma região, em 1997, como resultado, segundo sua interpretação, das políticas prescritas pelo receituário ortodoxo do FMI que subestimara a atuação necessária do Estado na regulação financeira.

Ainda que Stiglitz especificamente questione, nessa conferência, alguns aspectos econômicos das prescrições das reformas liberalizantes da década de 1980, sua crítica recai sobre todos os programas de desenvolvimento que tiveram lugar desde a década de 1950. Programas tomados indiferenciadamente como concepções que privilegiavam o desenvolvimento como um problema meramente técnico[3] e fundamentavam respostas, exclusivamente, baseadas nas "leis universais da economia".[4] Ele questiona essas antigas concepções do desenvolvimento por não terem abordado os problemas da sociedade "a fundo", nem terem adotado uma abordagem participativa na formulação das suas políticas e na solução de seus impasses. Ao se referir a uma abordagem "a fundo" dos problemas sociais, Stiglitz sugere a ideia de uma intervenção que opera no nível dos indicadores de qualidade de vida em oposição a uma intervenção que se queria universal, pois incidente no nível macroeconômico. A abordagem participativa, por sua vez, é o principal instrumento reivindicado por ele para que a estratégia de desenvolvimento esteja afinada com os problemas efetivos de cada localidade. É também o instrumento de garantia da construção do consenso político interno necessário à credibilidade das reformas econômicas.

---

3   O aspecto técnico dessas estratégias é atribuído por Stiglitz de acordo com o argumento de que as soluções dadas são técnicas e baseadas em leis econômicas: *"algoritmos de planejamento melhores, políticas de comércio e de precificação melhores, modelos macroeconômicos melhores"* (1998, p. 7).

4   "As leis da economia eram universais: curvas de demanda e de estoque/suprimento e o teorema fundamental das economias de bem-estar aplicado tão bem na África e na Ásia como foram na Europa e na América do Norte. Estas leis científicas não eram constrangidas por tempo ou espaço" (Stiglitz, 1998, p. 7).

Entre as décadas de 1950 e 1980, segundo ele, as questões centrais sobre o desenvolvimento disseram respeito ao aumento dos recursos e à sua melhor alocação. A diferença entre os períodos keynesiano ("era do planejamento") e neoliberal (anos Reagan--Thatcher) é tratada como uma questão de definição das principais causas de ineficiência, mas o problema girava basicamente em torno da alocação dos recursos. Na "era do planejamento", a atenção se voltava para as falhas de mercado e para a atuação governamental – no caso de ausência de mercados, o governo deveria garantir a alocação eficiente de recursos e lidar com as imperfeições nos mercados de capitais que impediam fluxos dos países desenvolvidos para os menos desenvolvidos. Nos anos Reagan-Thatcher, a razão das falhas de mercado seria a ingerência dos governos e a prescrição básica era sua retirada (Stiglitz, 2006, p. 2).

A partir da década de 1990, para Stiglitz, as reflexões sobre o desenvolvimento foram afetadas pela análise de três eventos decisivos: o colapso das economias socialistas e o fim da Guerra Fria, as limitações do Consenso de Washington,[5] e os acontecimentos na Ásia (o "milagre" do crescimento e a posterior crise financeira). As lições tomadas a partir desses eventos teriam levado à redefinição das estratégias de desenvolvimento na década de 1990 nos marcos de uma orientação voltada ao papel das instituições nesse processo

---

5 Essas limitações são explicadas por Stiglitz aqui como causas da falta de reconhecimento das "sutilezas" da economia de mercado (1998, p. 9). A comparação das experiências de transição para economias de mercado na Rússia e na China mostra, segundo ele, que as reformas prescritas pelo FMI e pelo Banco Mundial para a Rússia (receita que ficou conhecida como "terapia de choque") deram atenção excessiva à defesa da propriedade privada e desconsideraram o papel da infraestrutura institucional e da competição. A China, por outro lado, teria realizado reformas "gradualistas" em seu Estado a partir de 1979 (com Deng Xiaoping) liberalizando sua economia e criando as condições para uma transição mais eficaz e seletiva para a economia de mercado.

(doutrina da boa governança) e com foco acentuado na redução da pobreza. Nos termos de Stiglitz (2006, 1998), essa redefinição significou a compreensão do desenvolvimento como uma estratégia de transformação da sociedade. Na sua visão, o desenvolvimento passou a ser visto como um processo de transformação mais abrangente que não é alcançado apenas com "soluções técnicas". O aumento do PIB de um país não garante necessariamente as transformações de desenvolvimento, estas requerem mudanças societárias (*societal tranformations*) que implicam em mudanças nas formas de pensar e nas organizações econômicas e sociais. O crescimento é parte integrante da estratégia, mas seu sucesso está vinculado ao cumprimento dessas amplas transformações societárias.

Para apresentar sua definição do desenvolvimento, Stiglitz parte de uma premissa que pode ser encontrada já no Relatório do escritório africano do Banco Mundial (BM, 1989), marco da virada em direção à doutrina da boa governança: o desenvolvimento consiste no processo de transformação de relações sociais tradicionais em relações "modernas": "um movimento que parte de relações tradicionais, formas tradicionais de pensar, formas tradicionais de se lidar com saúde e educação, métodos de produção tradicionais, em direção a formas mais 'modernas'" (Stiglitz, 1998, p. 3). Como no Relatório de 1989, o ponto de partida para esta estratégia é a constatação de que o foco do desenvolvimento deve ser a transformação das formas de organização das sociedades tidas como tradicionais. No caso da África, o diagnóstico de que havia naquelas sociedades uma "crise de governança" a impedir o bom desempenho das reformas econômicas mobilizava o argumento de que os laços comunitários que constituíam as relações sociais africanas deveriam dar lugar a formas modernas e previsíveis de organização capazes de transformar a estrutura de suas economias.

A menção do escritório africano à necessidade de transformar as "relações tradicionais" será mobilizada como elemento importante do Relatório sobre o Desenvolvimento Mundial de 2000/2001 do Banco Mundial. A ideia é que as relações sociais devem ser "modernizadas" nos limites prescritos do que seja, para o Banco Mundial, uma economia eficiente. As sociedades tradicionais – economias menos desenvolvidas – estariam menos predispostas a mudanças e esta disposição constitui, para Stiglitz, a alavanca para o desenvolvimento. As mudanças, no entanto, não devem ser pensadas como um fim em si mesmo. Para ele, elas devem tornar os indivíduos (e as sociedades) mais responsáveis em relação ao seu próprio destino. O que quer dizer, na sua acepção, que são mudanças que ampliam os horizontes das pessoas e diminuem seu sentido de isolamento (Stiglitz, 1998, p. 3).

O que ele parece afirmar é que essas mudanças operam a integração de cada indivíduo no mundo globalizado e esta integração, definida nestes termos, é responsável por "reduzir as aflições trazidas pela doença e pela pobreza não apenas por meio do aumento da expectativa de vida, mas sobretudo pela melhoria da vitalidade da vida" (Stiglitz, 1998, p. 3). A formulação do desenvolvimento como liberdade de Amartya Sen é muito próxima dessa definição, como se viu no capítulo anterior. As mudanças que fazem parte de ambas as concepções de desenvolvimento necessariamente se desdobram na melhoria do padrão de vida dos indivíduos (padrões de saúde, de alfabetização e redução, ao menos, dos níveis de pobreza absoluta[6]) e aumentam a probabilidade

---

6  A "pobreza absoluta" é definida pelo Banco Mundial como a categoria que classifica as pessoas que vivem com menos de um dólar por dia. Conforme o foco assumido na nova estratégia de desenvolvimento no final da década de 1990, esta parcela da população constitui o foco prioritário de intervenção, combinado às demais privações que limitam o exercício das

de que as políticas econômicas sejam sustentáveis e resistam às contingências dos processos democráticos (1998, p. 15).

A perspectiva do desenvolvimento apresentada por Stiglitz (1998) difere dos grandes planos e dos modelos de programas detalhados do passado (no quadro do desenvolvimentismo e da teoria da modernização) pela afirmação de que o guia do desenvolvimento devem ser estratégias e não mais planos. Novamente, ele retoma aqui a referência às práticas da iniciativa privada, já presente nas primeiras formulações da doutrina da boa governança, para diferenciar o novo paradigma do desenvolvimento. Tal como as corporações permitem que seu "pensamento" e seus investimentos sejam guiados por estratégias, o desenvolvimento deve seguir esta mesma orientação, ou seja, deve estar guiado por um planejamento estratégico de tipo empresarial.

Stiglitz afirma que as estratégias são mais ambiciosas que os antigos planos na medida em que não se concentram exclusivamente no acúmulo de capital ou na produção de recursos, mas na "transformação da sociedade". O ponto de partida para a estratégia de desenvolvimento é a definição de uma "visão de futuro" que se quer alcançar; nos termos de uma estratégia de desenvolvimento, trata-se da definição da sociedade que se quer em dez, vinte anos. E para construir esta "visão de futuro", objetivos quantificáveis devem ser precisados, como a redução pela metade da pobreza ou a universalização da educação primária. Estes elementos são alvos (*targets*) subordinados a um processo de transformação que deve incluir uma perspectiva de mudança das instituições no sentido da criação de um novo capital social[7] e de novas capaci-

---

capacidades disponíveis.

7 Capital social é um termo bastante presente nas formulações sobre o desenvolvimento humano. Ele é parte da aproximação entre o enquadramen-

dades (individuais e coletivas). Mas essas mudanças são diferentes em cada caso, pois em algumas sociedades elas podem significar a substituição integral das instituições tradicionais, enquanto em outras podem significar o aproveitamento de elementos tradicionais nas novas instituições.

O que difere os antigos planos de desenvolvimento do passado da estratégia apresentada por Stiglitz é sua capacidade de promover uma coordenação de variáveis heterogêneas numa verdadeira "gestão das multiplicidades" (Foucault, 2008). No primeiro caso, as dificuldades nos processos de adaptação entre as prescrições e a realidade social eram vistas como desvios de programa. Na nova estratégia, essas variações estão no centro do cálculo do desenvolvimento:

> As estratégias de desenvolvimento têm sido às vezes comparadas a um plano, um mapa de para onde a sociedade está indo. Mas esta metáfora é enganosa, e entender o porquê nos ajuda a ver a diferença entre planos do passado e estratégias de desenvolvimento do futuro. O processo de desenvolvimento é muito complicado para ser escrito por nós como um plano ou um mapa de para onde a economia estará indo nos próximos dez anos, e menos ainda durante o próximo quarto de século. Fazê-lo requer informação demais, conhecimento que não está disponível atualmente. No passado, documentos de planejamento fracassaram em levar em conta praticamente todas as principais incertezas que o processo de desenvolvimento enfrenta. Embora, a princípio, um plano de desenvolvimento possa mapear como a economia responderia a uma miríade de contingências diferentes

---

to neo-institucionalista e a abordagem das capacidades e é empregado para indicar a capacidade de mobilização e de participação da "comunidade" em torno de objetivos comuns que beneficiem suas "oportunidades".

que possam ocorrer nos anos vindouros, na prática isto raramente é feito. (...) Em contraste, uma estratégia de desenvolvimento é um documento vivo: ela precisa estabelecer a forma como será criada, revisada, e adotada, o processo de participação, os meios pelos quais propriedade e consenso serão obtidos, como os detalhes serão preenchidos. (...) A estratégia de desenvolvimento cumpre várias funções ao mesmo tempo em que estabelece sua visão de futuro (Stiglitz, 1998, p. 16).

Essa "visão de futuro" que constitui, nos termos de Stiglitz (1998), um "documento vivo", incorpora em seu centro as incertezas próprias das relações mercantis. Trata-se da definição de um processo aberto, sempre em andamento, no interior do qual, os próprios objetivos e os meios para alcançá-los são redefinidos constantemente.

O processo de construção da nova estratégia de desenvolvimento parte da elaboração de objetivos (quantificáveis). Esta construção deve ser participativa e, apenas nessa medida, pode contribuir com a formação de um consenso sobre o futuro que se quer. Os objetivos estabelecidos por meio de consensos são importantes, segundo Stiglitz, por duas razões. Por um lado, ao serem consensuais, garantem a estabilidade política e social, pois impedem "a disrupção econômica quando a exigência social extrapola os recursos disponíveis" (1998, p. 17), por outro, estimula à absorção a um sentido de "propriedade" (*ownership*) sobre as políticas e as instituições prescritas nessa estratégia, aumentando a probabilidade do seu sucesso. O ponto de partida que está pressuposto aqui, é o problema da escassez. Ele aparece formulado por Stiglitz quando afirma que é o fato de todas as sociedades sofrerem de constrangimento de recursos (o que envolve a escassez de capacidade governativa) – maiores nas sociedades pobres – que coloca o problema da definição de prioridades para o desenvolvimento. Nesses termos, Stiglitz define a sequência de prioridades que as estratégias de desenvolvimento devem obedecer: primeiro, o estabelecimento de um quadro regulatório que prescreva como devem ocorrer as privatizações e liberalizações, para que essas sejam realizadas apenas em um segundo momento (1998, p. 16-17). Diferentemente da abordagem anterior, presente nas prescrições do Consenso de Washington, a perspectiva é que esse quadro institucional seja elaborado de forma participativa e de acordo com as condições internas de cada localidade.

A abordagem de Stiglitz se sustenta na ideia de que a mudança implicada no desenvolvimento deve vir de dentro de cada localidade, em oposição à imposição das condicionalidades dos acordos do FMI na década de 1980. Uma vez que se trata de um processo de mudança de mentalidades, segundo ele, não há como elas serem impostas, mas devem ser construídas em conjunto com os "parceiros" da estratégia de desenvolvimento mediante processos abrangentes de debate. Este é o sentido dos ingredientes fundamentais nessa estratégia de desenvolvimento: *ownership* e participação (1998, p. 20). Para que uma mudança não seja superficial, os indivíduos devem se sentir responsáveis por ela e as formas de participação são a maneira de criar essa apropriação das mudanças pelos "parceiros" (*ownership*)

A estratégia de desenvolvimento deve estar inserida na sociedade e para tal, os grupos da sociedade civil desempenham papel central como espaço no qual os excluídos têm "voz". Como subsídio para a elaboração do Relatório sobre o Desenvolvimento Mundial de 2000, o Banco Mundial mobilizou ONGs locais de cerca de sessenta países e coletou histórias de privação sob o argumento de que o Relatório é endereçado à pobreza tal qual ela é significada pelos próprios pobres; este estudo foi chamado de *Voices of the Poor* (As vozes dos pobres) (BM, 2000). A legitimidade da formulação da estratégia de desenvolvimento é adquirida por meio do envolvimento desses grupos da sociedade civil que são, segundo estudos do Banco Mundial citados por Stiglitz,[8] responsáveis por garantir a maior eficiência dos projetos, pois fornecem a chave para o seu direcionamento às necessidades e capacidades de seus beneficiários.

A despeito da afirmada necessidade de um impulso interno para a formulação das estratégias de desenvolvimento, Stiglitz circunscreve também um campo de atuação para os "agentes externos"[9] como "facilitadores" responsáveis por apresentar as melhores estratégias e políticas a serem adotadas mediante evidências teóricas e empíricas – definidas como neutras porque baseadas em evidências científicas. A participação, nesses termos, é o instrumento central de adaptação das estratégias de desenvolvimento às circunstâncias de cada localidade, que serão tanto mais apropriadas internamente quanto mais os condicionantes internos guiarem o processo: "(...) o grau de propriedade tende a ser ainda maior quando as estratégias e políticas públicas são desenvolvidas por aqueles no interior do próprio país, quando o próprio país está na direção" (1998, p. 21-22).

A tarefa da construção do consenso interno em torno das estratégias de desenvolvimento requer a "habilidade de resolver conflitos", uma técnica que ganha corpo ao longo do refinamento[10] da

---

8 "Propriedade e participação também são necessárias se a estratégia de desenvolvimento for ser adaptada para as circunstâncias do país; nossa pesquisa mostra que os projetos com níveis maiores de participação são mais bem-sucedidos na prática, provavelmente porque tais projetos cometam menos suposições erradas sobre as necessidades e capacidades dos beneficiados" (Stiglitz, 1998, p. 21).

9 Stiglitz não diferencia quem são esses agentes, apenas diz que os doadores estão entre eles. Mas é possível supor que se trata, além do Banco Mundial, das agências da ONU e de ONGs sediadas nos países do primeiro mundo.

10 O refinamento da doutrina da boa governança ocorreu, segundo Craig e

doutrina da boa governança na agenda do Banco Mundial. Tem-se aqui, novamente, a ideia de que as incertezas do processo já estão previstas nessa estratégia, pois se constata que as reformas sempre beneficiam alguns grupos mais do que outros e, necessariamente, haverá conflitos em torno da sua implementação. A habilidade de gerir conflitos é um recurso ausente, segundo Stiglitz, na maioria dos países e teria representado um importante obstáculo para o sucesso do desenvolvimento. No caso da atuação dos "agentes externos", essa habilidade estaria entre as "boas" estratégias apresentadas por eles como parte importante do "capital social e organizacional" a ser desenvolvido nos países pobres (1998, p. 22).

A novidade reivindicada por Stiglitz está associada aos meios pelos quais as reformas econômicas (e agora institucionais) de liberalização dos mercados serão aprofundadas. Esses meios objetivam provar internamente que essas são as melhores maneiras de garantir a melhoria da qualidade de vida das populações, com foco especial nas parcelas mais pobres. Como já foi mencionado, porém, a forma da construção dessa evidência não é a imposição de uma única alternativa, mas a responsabilização de cada auto-

---

Porter (2006), no Relatório *Governance: The World Bank's expericence* (BM, 1994), publicado no início de 1994 pelo Banco Mundial, no qual está registrada a primeira avaliação da implementação da doutrina da boa governança (entre os anos 1991 e 1993). De acordo com esses autores, tal refinamento significou a consolidação de técnicas articuladas por meio de um novo quadro de especialistas em administração pública recrutados para operacionalizá-las. Segundo eles, tratou-se da consolidação de uma "tautologia técnica" – descrita como o reforço da disciplina conservadora da transparência e da previsibilidade, da responsabilização da lei, e do "liberalismo positivo da participação" (em referência às formulações de Amartya Sen). O que estava em jogo aí eram os termos de uma "harmonização técnica", consolidada com a apresentação da nova estratégia de desenvolvimento por Stiglitz, que prescreve um consenso abrangente (interior e exterior aos países) entre partes outrora politicamente díspares: bancos multilaterais, ONGs, esferas governamentais.

ridade política pela implementação das reformas e sua elaboração em parceria com os diferentes atores internos (Craig e Porter, 2006). Não é por acaso que a maior parte dos elementos apresentados por Stiglitz no novo paradigma do desenvolvimento para o Banco Mundial diz respeito à forma estratégica que o processo de desenvolvimento deve assumir: "as visões e ações devem ser feitas no interior de um modelo coerente, o que requer estabelecer prioridades, encorajar parcerias, e levar em conta o ambiente global e regional" (1998, p. 31).

A abertura da economia continua a figurar no centro da concepção de desenvolvimento, mas Stiglitz propõe que esta seja examinada aí pela lente da nova estratégia. O grande benefício da abertura comercial é a entrada de novas tecnologias, incluindo aí também instituições e novos modos de organizar a produção. Na concepção de Stiglitz, tecnologia é tudo o que implica no grau de eficiência em que suprimentos (*inputs*) são transformados em rendimentos (*outputs*) (1998, p. 36). A entrada de novos suprimentos deve se voltar para o desenvolvimento de longo prazo, daí a necessidade de políticas e estruturas institucionais complementares para regular a entrada em cada caso específico e para regular a abertura em nível global.[11] É pela necessidade desse mecanismo de gestão de fatores múltiplos e heterogêneos a serem coordenados no longo

---

11  Nesse ponto, Stiglitz cita alguns dos impedimentos que, na sua concepção, estariam retardando o processo de desenvolvimento por meio da abertura comercial: a Rodada do Uruguai de negociações da abertura comercial que deu origem à OMC (1986-1994) fizera muito pouco no sentido de abrir mercados para a exportação de produtos dos países em desenvolvimento – bandeira que divide até os dias atuais as disputas internacionais entre os países do Norte e do Sul –; a constatação, por outro lado, da criação de novos protecionismos de blocos regionais – que devem ser combatidos, na sua visão –; e finalmente a excessiva proteção dos direitos de propriedade intelectual (1998, p. 39-40).

prazo que Stiglitz se posiciona a favor de um novo projeto da arquitetura financeira internacional no sentido da atenção aos perigos do comportamento do capital especulativo (curto prazo).

## A convergência em torno da estratégia de redução da pobreza

Nesse ano (1998) em que Stiglitz anunciava os traços da nova perspectiva para o desenvolvimento do Banco Mundial – que viria a público em 1999 –, a crise financeira nas economias asiáticas (1997-1998) se confirmava como o marco paradigmático do fracasso das prescrições do Consenso de Washington[12] (Craig e Porter, 2006; Stiglitz, 1998). A tendência presente desde a primeira metade da década de 1990 de revisão dessas prescrições que, no quadro da doutrina da boa governança, salientava a importância das instituições e da necessidade de um consenso político interno aos países que desse sustentação às reformas de liberalização, adquiriu aí seu impulso decisivo. É nesse contexto que se insere a nova articulação proposta pelo Banco Mundial de uma abordagem "participativa" do desenvolvimento – articulação que é também reivindicada por Amartya Sen (2000) ao defender uma "abordagem múltipla" do desenvolvimento.

Segundo Craig e Porter, foi a crise asiática que impulsionou as organizações internacionais (bancos multilaterais e agências da ONU) a uma "harmonização estratégica" com os governos nacionais e a um engajamento institucional com os governos locais e com "as comunidades" como instrumento para a reorganização

---

[12] A crise dos chamados "tigres asiáticos" abriria uma sequência de crises econômicas relacionadas à volatilidade do capital financeiro (e a queda das suas regulações): a segunda crise mexicana no mesmo ano de 1997, a moratória russa (resultante da crise asiática) em 1998, a crise brasileira em 1999, e a crise argentina em 2000.

das prescrições de desenvolvimento (2006, p. 66). Segundo esses autores, aspectos dessa harmonização aparecem ainda de maneira tímida no Relatório sobre o Desenvolvimento Mundial de 1997, *The state in a changing world*, mas ganhou importância a partir do Relatório de 2000/2001, *Attacking Poverty*.

A crise asiática deixara explícita a inaptidão dos preceitos do Consenso de Washington para lidar com os efeitos das crises financeiras. Com a retirada massiva de capitais, a pobreza reduzida nos anos anteriores regredira abruptamente. A solução apresentada pelo FMI foi a reiteração da abertura das economias, aprofundando ainda mais a crise. Segundo Stiglitz (1998), as prescrições "tradicionais" do Fundo para conter a crise não funcionaram: elevar juros, cortar gastos, aumentar impostos, abrir a economia, privatizar. Ele passou a cobrar um novo consenso em torno das estratégias de desenvolvimento que considerasse a presença do Estado, tivesse cuidado nas privatizações e agisse com mais cautela nas liberalizações, em especial dos fluxos de capitais.

Robert Wade (2001) conta a história das tensões institucionais que levaram à saída de Stiglitz do Banco Mundial, em novembro de 1999, dois meses antes da primeira discussão interna do rascunho do Relatório de 2000/2001. Sua saída aconteceu em parte pelas críticas que dirigiu às políticas adotadas pelo FMI na crise financeira da Ásia e em parte por sua reivindicação de um maior controle da liberalização financeira – responsável, inclusive, pela crise asiática e pelas demais que viriam. Essas críticas colocaram-no em rota de colisão com o então Secretário do Tesouro norte-americano, Lawrence Summers, no que pesou o posto ocupado por Stiglitz. A figura de economista-chefe do Banco Mundial representa um lugar central de definição dos rumos sobre a economia e a política dos Estados Unidos, uma vez que é sua responsabilidade dirigir a pauta de pesquisas que subsidiam tais formulações. Essa foi a razão, segundo Wade, de as críticas proferidas por Stiglitz ao FMI serem entendidas como um problema institucional na esfera política do governo norte-americano. Summers teria advertido o presidente do Banco Mundial que controlasse Stiglitz em suas críticas.

Wade sugere que havia outros interesses em jogo no contexto de relações políticas já estremecidas entre o presidente do Banco e o então Secretário do Tesouro. Este, um ex-economista chefe do Banco Mundial e a figura mais importante do gabinete do então presidente dos Estados Unidos, Bill Clinton, não apoiara a indicação de James Wolfensohn para a presidência do Banco, em 1995. Segundo Wade, a indicação para um segundo mandato de Wolfensohn tensionara ainda mais a relação entre ele e Summers. A saída de Stiglitz fora o preço pago pela permanência de Wolfensohn para o segundo mandato a frente do Banco. Summers teria apoiado sua permanência desde que Stiglitz não fosse renomeado seu economista-chefe. Em novembro de 1999, Stiglitz anuncia sua saída do Banco Mundial tendo negado, segundo Wade, um convite para manter-se como conselheiro especial (Wade, 2001, p. 128-129).

Em janeiro de 2000, o relator desse documento, Ravi Kanbur,[13] apresentou seu primeiro rascunho para discussão interna ao Banco Mundial e fora extremamente criticado. Segundo Wade, o cerne das críticas foram aspectos contrários à posição do Tesouro dos Estados Unidos:

---

13 A indicação do relator é atribuição do economista-chefe do Banco Mundial, no caso, Stiglitz. Kanbur, professor na Universidade de Cornell/EUA e que já fizera parte dos quadros do Banco Mundial como conselheiro econômico, representante em Gana, e economista chefe do Banco para a região africana, era simpático às ideias elaboradas por Stiglitz e orientara a elaboração do Relatório de 2000/2001 nessa direção (Wade, 2001 e www.kanbur.aem.cornell.edu/bio).

> Uma longa seção sobre mercados de capital globais alocou alguma culpa pela crise do Leste da Ásia na abertura rápida de mercados a fluxos de capital de curto prazo, falou bem dos controles de capital Malaio e Chileno, e advogou tais restrições como instrumentos normais de gestão econômica em países em desenvolvimento. Embora o Relatório comece reconhecendo a importância do crescimento econômico – 'o motor do crescimento econômico' – ele também enfatizou 'empoderamento, segurança e oportunidade' como ingredientes-chave de sua estratégia, e discutiu os três nesta ordem, destacando os dois primeiros mais do que a seção sobre oportunidade, que é mais orientada ao crescimento (2001, p. 131).

As duras críticas ao teor do Relatório culminaram no afastamento de Kanbur, em maio, e na publicação, em novembro de 2000, de uma versão bastante alterada do Relatório. Deu-se mais ênfase à orientação do crescimento econômico, aos benefícios do mercado, e a ênfase anterior nos mecanismos propostos para o controle de capitais foi restringida. O tom das críticas e a posterior versão definitiva do Relatório explicitam, contudo, que a redução da pobreza fora mantida como pilar central das estratégias do Banco enquanto o controle dos fluxos financeiros aparece apenas como uma medida de transição nos países em desenvolvimento rumo à posterior liberalização do mercado de capitais (Wade, 2001, p. 134-135).

A redução da pobreza adquiriu, portanto, a partir da crise asiática, um novo enquadramento para o Banco Mundial. Após a crise financeira, o acento do "bom governo" deslocou-se para o comprometimento com o novo foco de redução da pobreza: "a chave, após a crise de 1997, era como a Boa Governança pode ser diretamente ligada, não a imperativos de uma economia globalizante, mas ao 'novo foco na redução da pobreza'" (Craig e Porter, 2006, p. 77). O final da década de 1990 é analisado por Craig e

Porter como um momento de reposicionamento da importância das organizações multilaterais na condução do capitalismo global. Reposicionamento operado pela construção de um conjunto de instrumentos técnicos compartilhados com a ONU pelos quais os processos de redução da pobreza e de construção institucional poderiam ser acompanhados. No centro destes instrumentos está a noção da pobreza como privação de capacidades, formulada na abordagem de Amartya Sen discutida no capítulo anterior. Mais do que acompanhar a redução da pobreza e a construção institucional, como sugerem Craig e Porter, esses instrumentos dão a forma da nova estratégia de desenvolvimento formulada na convergência entre o Banco Mundial e as Nações Unidas.

A estratégia de redução da pobreza – nos marcos de Sen – foi estabelecida no interior do Quadro abrangente de desenvolvimento proposto pelo Banco Mundial. Os termos desse quadro foram formulados por Stiglitz em 1998, mas oficialmente apresentados pelo então presidente do Banco, James Wolfensohn, no encontro anual de 1999 do G8,[14] em Colônia (Alemanha) e consagrado em 2001, no encontro realizado em Gênova, dois anos depois da saída de Stiglitz do posto de economista-chefe. O novo quadro apresentava o deslocamento das preocupações do ajuste macroeconômico com a reforma fiscal e com as medidas de alívio da dívida para um foco mais explícito na redução da pobreza (Craig e Porter, 2006).

No início da década de 1990, o tema da pobreza já retornava à agenda do Banco Mundial depois de sua ausência durante a década das reformas fiscalistas do Consenso de Washington (1980) e é o título do Relatório sobre o Desenvolvimento do Banco Mun-

---

14 O G8 é o grupo que reúne as sete maiores economias industrializadas mundiais (Estados Unidos, Japão, Alemanha, Reino Unido, Franças, Itália e Canadá) e a Rússia.

dial de 1990 (*Poverty*). Nesse documento, a definição da pobreza está associada à ausência de crescimento da renda e à falta de investimento em capital humano (saúde e educação). Esses pilares forneciam o quadro da prescrição das políticas sociais focalizadas nos pobres, definido aí apenas pela variável renda. Ao longo da década de 1990, acompanhando as redefinições internas sobre as prescrições para o desenvolvimento comentadas nos capítulos anteriores e incorporando a noção de que a pobreza é resultado de múltiplas privações (Sen, 2000), a maneira de lidar com esse problema também sofre mudanças. A reelaboração do tema da redução da pobreza aparece no Relatório sobre o Desenvolvimento do Banco Mundial de 2000/2001. A definição de quem é pobre, na abertura desse Relatório, explicita o enquadramento de Amartya Sen, incluindo aí nota ao seu livro *Desenvolvimento como liberdade*: "Os pobres vivem sem a liberdade fundamental de ação e escolha que os que estão em melhor situação dão por certo. Muitas vezes não dispõem de condições adequadas de alimentação, abrigo, educação, saúde; essas privações os impedem de levar o tipo de vida que todos valorizam" (BM, 2001, p. 1).

A reelaboração do tema da pobreza é dada pelos três novos pilares em torno dos quais se articula o Relatório de 2000: Oportunidade, Empoderamento e Segurança. Como foi comentado no item anterior, esse Relatório legitima suas prescrições sobre a pobreza em uma consulta realizada em sessenta países para "ouvir os pobres" sobre as condições de suas privações. Nesse sentido, o pilar da oportunidade é atribuído à constante ênfase dada pelos pobres à importância de "oportunidades materiais": "empregos, crédito, estradas, mercados para seus produtos e escolas, água, saneamento e outros serviços que sustentam a saúde e os conhecimentos essenciais para o trabalho" (BM, 2001, p. 7).

O crescimento econômico permanece presente como estratégia de redução da pobreza, mas há um deslocamento do papel desempenhado aí pelas populações pauperizadas. O crescimento econômico é apontado como a peça fundamental para "promover oportunidades" aos segmentos mais pobres – garantir acesso a "oportunidades materiais". Há uma mudança no lugar ocupado pelo indivíduo pauperizado nessa prescrição, ele passa a ser "sujeito" das políticas do Banco na medida em que deve ser o "agente" da melhoria das suas condições de vida e não mais o beneficiário das políticas focalizadas. A ideia é que os mercados devem ser mais favoráveis aos pobres para que eles possam exercer suas capacidades, nos termos do Relatório, "os pobres dependem de mercados formais e informais como instrumentos de negociação do seu trabalho e seus produtos (...). Mercados em bom funcionamento são importantes para gerar crescimento e expandir oportunidades para os pobres" (BM, 2001, p. 61).

Na direção do que Stiglitz (1998) apontara sobre a necessidade de as reformas se voltarem para as condições de cada localidade, o Relatório afirma que as reformas para o bom funcionamento dos mercados devem "ser concebidas e implementadas de acordo com as circunstâncias econômicas, sociais e políticas de um país". Haverá grupos prejudicados, há custos e, em geral, os pobres são os que mais sofrem. Portanto, uma "avaliação cuidadosa" dos impactos dessas reformas sobre a pobreza deve ser feita, além da "implementação de políticas de compensação apropriadas". O instrumento técnico mobilizado aí foi a "Análise do Impacto Social da Pobreza" (*Poverty Social Impact Analyses*) por meio do qual se passou a dar mais atenção à maneira pela qual as reformas impactam nos pobres e na elaboração de medidas necessárias para tornar o mercado mais voltado a esse segmento da população (Craig e Porter, 2006, p. 85). O aspecto mais interessante, porém, apontado pelo Relatório na direção da atuação dos pobres no processo de reformas é a constatação de que o "diálogo direto com os pobres pode ser particularmente eficiente para informar esse processo" (BM, 2001, p. 62). A promoção da oportunidade econômica por meio da integração ao mercado global tem nos segmentos mais pauperizados parceiros desse empreendimento, elemento dado na articulação com o segundo pilar do Relatório.

O segundo pilar em torno do qual o Relatório se estrutura é o do empoderamento.[15] Segundo Craig e Porter (2006), esse pilar estava relacionado à tarefa da construção de um consenso que articulasse a ética da participação social à agenda de liberalização dos mercados. A abordagem de Amartya Sen sobre a capacidade individual e sobre a necessidade das pessoas pobres participarem, negociarem e tomarem para si a responsabilidade sobre o que afeta suas vidas forneceu a sustentação para a construção desse consenso.

A ideia de empoderar os pobres para a participação está relacionada à capacidade desse segmento da população enfrentar as situações de privação causadoras da pobreza. A argumentação presente no Relatório de 2000, contudo, dá maior ênfase ao papel desempenhado pelo Estado na prestação eficiente dos serviços sociais já que supõe que a pobreza não é resultado apenas de fatores econômicos, mas, sobretudo da ausência de "responsabilidade e sensibilidade das instituições do Estado" (BM, 2001, p. 103). O empoderamento dos pobres aparece então como a contraparte da eficiência desses serviços. Uma atuação estatal eficiente deve estar

---

15 Empoderamento está oficialmente traduzido no Relatório do Banco de 2000 como autonomia. A opção aqui pela tradução como empoderamento se faz pois em outros documentos e textos sobre o assunto, inclusive elaborados por ONGs, a ideia de forjar a autonomia, em especial dos pobres, para a sua participação na tomada das decisões que afetam a sua vida é chamada de empoderamento.

voltada ao cumprimento de metas sociais, de maneira descentralizada e com a participação da sociedade civil.

> A participação da sociedade civil no planejamento, monitoração e avaliação dos programas e políticas é também essencial para garantir progresso constante no rumo de um Estado plenamente sensível e responsável. (...), a participação gera um círculo virtuoso. A participação no governo local ajuda a fortalecer a sociedade civil e garante que sejam ouvidas as necessidades e atingidas as metas da maioria. E contribui também para dar mais voz aos pobres nos assuntos locais (BM, 2001, p. 104 e p. 112).

No Relatório sobre o Desenvolvimento Mundial de 2006, o Banco apresenta "a melhoria do clima de investimentos" e o "empoderamento das pessoas de baixa renda" como os dois eixos de sua estratégia de desenvolvimento. A relação entre esses dois eixos se sustenta na afirmação de que melhorias no desenvolvimento humano – por meio do empoderamento – criam a sustentação do bom clima de investimentos e, portanto, garantem o crescimento econômico já que estabilidade e previsibilidade são condições necessárias para garantir a captação do investimento (Mountian, 2008, p. 76-77). Está mantida na articulação entre esses dois eixos, a antiga ideia das formulações da agenda social do Banco da década de 1970 de que quanto mais incluída no mercado, mais estável politicamente é a sociedade. Mas há uma diferença entre essa formulação e a nova iniciativa de redução da pobreza que encontra elementos explicativos na redefinição operada pela noção de desenvolvimento humano em relação ao enfoque das abordagens anteriores – comentada no capítulo anterior. Ao propor o deslocamento da incidência de suas estratégias para a mobilização do papel de "agente" do homem, o desenvolvimento humano fornece a chave para que os pobres sejam mobilizados como "parceiros" nessa estratégia de crescimento cujo alvo prioritário é a redução da pobreza.

De acordo com o estudo *Empowerment and poverty reduction* (2002), no qual o Banco detalha seu entendimento sobre o termo, o empoderamento é apresentado como uma ferramenta de reforço da boa governança e da garantia de um clima favorável ao investimento. A ênfase aí é que, ao ser empoderado, "o pobre" torna-se capaz de influenciar e controlar a *accountability* das instituições que afetam sua vida, contribuindo para direcionar as estratégias de crescimento econômico para os marcos da redução da pobreza. O aspecto mais importante nesse pilar é que as estratégias formuladas na chave do empoderamento atuam na construção de consensos políticos em torno das reformas liberalizantes: "a participação dos cidadãos também pode produzir consenso em apoio às difíceis reformas necessárias para se criar um clima de investimento positivo e induzir o crescimento" (BM, 2002, p. xvii-xviii[16] em Mountian, 2008, p. 77).

O empoderamento é a formulação dada pelo Banco Mundial às estratégias de generalização das oportunidades para que os pobres expandam e façam uso de suas capacidades. É por meio do pilar do empoderamento que o Banco prescreve a retirada das barreiras institucionais, formais e informais, que possam limitar o acesso aos recursos individuais da educação, saúde, moradia, ou aos recursos coletivos da participação em ações que atuem na resolução de problemas. O argumento é que as instituições sociais – definidas no Relatório como sistemas de parentesco, organizações comunitárias e redes informais –, embora possam ajudar na sobrevivência dos pobres na medida em que constituem vínculos de solidariedade, podem contribuir na acentuação da situação

---

16  World Bank. *Empowerment and Poverty Reduction. A Sourcebook*. 2002.

de pobreza ao afetar "a produtividade dos ativos econômicos, as estratégias para enfrentar riscos, a capacidade de buscar novas oportunidades". O Relatório argumenta que essas instituições sociais "podem erguer barreiras entre os pobres ou socialmente desfavorecidos e a oportunidade e os recursos de que necessitam para promover seus interesses" (BM, 2001, p. 121). Observa-se aí a mesma discussão presente no Relatório do escritório africano de 1989 que deu origem à revisão das prescrições do Banco na direção da doutrina da boa governança ao apontar que as instituições tradicionais africanas representavam barreiras à implementação das reformas liberalizantes.

Contudo, essas mesmas instituições sociais podem ser estimuladas como maneiras de garantir "oportunidades econômicas" aos pobres diante do contexto dado como inevitável da informalização do mercado de trabalho. Essa operação foi possível pela ampliação do conceito de pobreza, informada pela abordagem de Amartya Sen, que operou uma redefinição no discurso do Banco mediante a incorporação dos termos da participação e cidadania. Ainda que se mantenha a centralidade do argumento do crescimento econômico como forma de reduzir a pobreza, essa ampliação operou o estabelecimento de um consenso cujo propósito foi garantir o acesso dos pobres ao mercado. Acesso que se dá por meio do estímulo à mercantilização de suas atividades no cotidiano da sobrevivência e nos vínculos de solidariedade entre as pessoas. Já que a informalização do mercado de trabalho é dada como certa, os "bicos" e virações nos quais se reproduz os modos de vida de boa parte da população, lado a lado com "soluções criativas" trazidas por "agentes externos", podem tornar-se repositórios de "oportunidades econômicas".

O terceiro pilar que articula o Relatório é o da segurança. O sentido mais geral do termo segurança é o da redução da vulnerabilidade das populações pauperizadas diante de variadas situações adversas distribuídas segundo um gradiente de "choques econômicos, catástrofes naturais, doenças, incapacidade e violência pessoal". A consigna da segurança, tal como formulada no Relatório, traduz-se também, de um modo mais geral, por garantias à circulação do capital, uma vez que a redução da vulnerabilidade "incentiva o investimento em capital humano e em atividades de maior risco e maior rendimento". Os níveis da proteção aos choques nesse gradiente aumentam na medida em que "o pobre" tem acesso a uma maior quantidade de bens, pois o Banco argumenta que um "estoque adequado de bens" é um meio de maior segurança contra choques adversos, daí a sugestão para o incentivo ao seu envolvimento em atividades de maior risco, cujo retorno é maior (BM, 2001, p. 7).

É possível aproximar a maneira pela qual esse Relatório define os elementos que determinam situações de vulnerabilidade da discussão de Amartya Sen, comentada no capítulo anterior, sobre as "variações sobre a pessoa" que limitam a capacidade de escolha dos indivíduos sobre a vida que querem viver (Sen, 2000, p. 110).

> O risco refere-se a ocorrências incertas que podem abalar o bem-estar: o risco de adoecer ou o risco de ocorrer uma seca. A incerteza pode estar ligada ao tempo da ocorrência ou à magnitude do acontecimento. Por exemplo, a flutuação sazonal da renda rural é uma ocorrência conhecida antecipadamente, mas a sua severidade nem sempre é previsível. A exposição a riscos mede a probabilidade de que venha a ocorrer determinado risco. A vulnerabilidade mede a resistência face a um choque: a probabilidade de que um choque venha a resultar em declínio de bem-estar. (...), a vulnerabilidade depende principalmente da dotação de bens de uma família e dos seus mecanismos de seguro, bem como das características (gravidade, frequência) do choque (BM, 2001, p. 143).

A regra que orienta as ações sob o pilar da segurança não é a da garantia do acesso a benefícios sociais como prescrevia o investimento em capital humano – via acesso a programas de educação e saúde – no início da década de 1990. Pobreza é enunciada, agora, como sinônimo de imprevisibilidade e de risco[17] e, portanto, as políticas de desenvolvimento devem atuar no aumento das condições de previsibilidade. São os próprios segmentos pauperizados que devem ser capazes de administrar ("manejar") os riscos que os objetivam, garantindo maior previsibilidade para as situações. Quanto maior a capacidade de acumular bens e de poupar, maior é a capacidade de enfrentar as crises, já que "o crescimento econômico é uma maneira de reduzir a vulnerabilidade dos pobres". Contudo, um acúmulo maior de bens não é a única maneira de garantir-lhes a segurança, o Relatório enfatiza ainda a necessidade do acesso a mecanismos específicos para gerir os riscos. As políticas devem auxiliar os pobres a criar mecanismos que sejam adequados a cada realidade social específica: "O relatório defende uma abordagem modular do manejo de riscos que adapta redes de segurança ao padrão específico de riscos de cada país e complementa os dispositivos existentes para manejo de riscos" (BM, 2001, p. 139).

Os mecanismos de segurança não são formulados como políticas sociais ou políticas de emprego, como à época do Estado de Bem-Estar, mas como "instrumentos de manejo de riscos": "seguro-saúde, assistência à velhice e pensões, seguro-desempre-

---

17 A concepção da pobreza como situação de risco e imprevisibilidade é atribuída pelo Relatório à "voz dos pobres": "pobreza vem a ser mais do que insuficiência de consumo, educação e saúde. Como clamam as vozes dos pobres, significa também temer o futuro: saber que, a qualquer momento, pode desencadear-se uma crise, não saber se vai ter condições de enfrentá-la. Viver com a ideia desse risco faz parte da vida para os pobres, e é bem possível que as mudanças de hoje no comércio, na tecnologia e no clima estejam aumentando os riscos da vida quotidiana [sic]" (BM, 2001, p. 139).

go e assistência ao desemprego, programas de frente de trabalho, fundos sociais, programas de microcrédito e transferência em dinheiro". Esses instrumentos incidem nos riscos que, por sua vez, são apresentados no Relatório a partir de uma tipologia que os classifica de acordo com sua "fonte": natural, saúde, social, econômico, político e ambiental. Esta tipologia é cruzada com outro critério de classificação - o nível de incidência do risco: individual ou familiar (micro), grupo familiar ou comunidade (meso), região ou país (macro). O primeiro nível de incidência é chamado de idiossincrático, pois não depende de variáveis externas à unidade de análise (o indivíduo ou a família), e os outros dois de covariante, pois variam em função de uma causa externa. Por exemplo, são fontes de risco de tipo "natural": "chuvas, queda de barreiras, erupção vulcânica", que incidem tanto no nível idiossincrático quanto no nível covariante; mas há também tipos de incidência idiossincrática cujas fontes podem ser de tipo "saúde": "doença, lesão, incapacidade, velhice e morte" ou de tipo "social": "crime, violência doméstica". Essa classificação da incidência dos riscos não é estática, ela depende, ainda, de outras causas para determinar seu grau: a perda de emprego, por exemplo, pode ser um risco que incide no nível individual ou no nível macro, dependendo da natureza da crise que o causou (BM, 2001, p. 139-140).

O propósito dessa classificação é avaliar os possíveis choques que possam causar situações de vulnerabilidade para que uma gama específica de soluções seja elaborada. O que se observa nessa proliferação de taxonomias modulares é a tentativa de governar o maior número de situações virtuais possíveis. Não se trata de eliminar as situações de risco, "(...) porque isso teria um forte incentivo indesejável. (...), a ausência de risco para a renda provocaria um incentivo a não empreender nenhuma atividade: a essência do problema do risco moral" (BM, 2001, p. 225), mas de mantê-las em níveis aceitáveis para que, de um lado, não impliquem em vulnerabilidade extrema, mas, de outro, não desestimulem o funcionamento das regras de concorrência mercantis. A hierarquização das políticas de "resposta ao risco" apresentada no Relatório obedece ao critério de manter a dinamização do mercado: "a melhor abordagem é reduzir o risco de choques prejudiciais", depois "a atenuação de riscos para reduzir o possível impacto do choque", e por fim, "o enfrentamento do risco seria uma abordagem residual para corrigir as falhas das duas primeiras" (BM, 2001, p. 151-152).

As estratégias de redução da pobreza, articuladas pelos três eixos de oportunidade, empoderamento e segurança, devem incidir numa gestão mais eficaz dos riscos que afetam os pobres reduzindo sua incidência e minimizando seus danos por meio da combinação de mecanismos formais e informais (BM, 2001, p. 151). Craig e Porter (2006) interpretam a reordenação do Banco Mundial em torno dessa estratégia como uma resposta à revisão das prescrições do Consenso de Washington, mas também como uma resposta às mobilizações contrárias ao neoliberalismo que eclodiam desde pelo menos o levante zapatista em Chiapas em 1994.[18]

O principal instrumento desse novo foco de atuação, segundo esses autores, foram os "Relatórios da Estratégia de Redução

---

18 São marcos reconhecidos como fundantes do que se chama de movimentos anti-globalização o levante zapatista em Chiapas contra a entrada do México no NAFTA (*North America Free Trade Agreement*), em 1994; o encontro organizado também pelos zapatistas em 1996 (I Encontro Intercontinental pela Humanidade e contra o Neoliberalismo, na Selva Lacadona em Chiapas); os protestos que impediram a assinatura do Acordo Multilateral de Investimentos (AMI) no âmbito da OCDE, em 1997, do qual se originou a rede ATTAC (Associação pela Tributação das Transações Financeiras para ajuda aos Cidadãos); e a criação do Fórum Social Mundial (o primeiro deles aconteceu em Porto Alegre, em 2001). Não será objeto de análise aqui as possíveis relações e implicações entre os protestos e encontros anti-globalização e as modulações da agenda do Banco Mundial.

da Pobreza" (*Poverty Reduction Strategy Papers*). Cada país devia formular um Relatório que consistia na descrição de uma estratégia de desenvolvimento trianual, com o planejamento de políticas macroeconômicas, estruturais e sociais com o objetivo de promover o crescimento e a redução da pobreza, associando necessariamente financiamento externo e outras fontes ao uso eficiente dos recursos públicos. Esses Relatórios funcionaram como um instrumento de formação de consenso na medida em que trataram da reunião de atores locais – desde o governo nacional, até gestores médios, altos tecnocratas e atores da "sociedade civil" com inserção local e global, além de atores da iniciativa privada – em torno da avaliação da situação da pobreza no país. Esses atores se envolvem em um processo de consulta periódica que, segundo Craig e Porter, se fez por meio da utilização de "técnicas psicológicas" que levaram à construção da ideia de que os países precisavam se responsabilizar internamente pelas reformas. A ideia de propriedade (*ownership*) foi amplamente difundida, tanto em países centrais como em países periféricos.

Nos "Relatórios da Estratégia de Redução da Pobreza", técnicas foram estabelecidas no sentido de construir a plausibilidade tanto da responsabilização dos governos nacionais pelas reformas de redução da pobreza – a maneira pela qual as reformas liberalizantes passaram a ser tratadas – quanto das próprias populações pobres por sua própria situação de pobreza. Três processos foram centrais aqui. Primeiro, a responsabilização moral do indivíduo pauperizado por sua situação; segundo, a criação de técnicas estatísticas capazes de fixar "o pobre" e a pobreza nas localidades, o que significou sua formulação como um problema local e conjuntural, sem relações estruturais nem globais; e terceiro, a construção da ideia de "dar voz aos pobres" nas localidades o que garantiu a legitimidade de todo o processo.

Uma ideia que adquire toda força, em meio a essa estratégia, foi a de "comunidade". A política da terceira via, editada na gestão de Tony Blair no Reino Unido, formulou primeiramente a ideia da localização das responsabilidades pelas pessoas mediante a moralização da comunidade. Ou seja, a "localidade" é o lugar preferencial para a inclusão responsável, pois é o lugar no qual os "vulneráveis" são mais visíveis. O recurso a esta ideia de comunidade (localidade), mostram Craig e Porter, serviu muito bem ao consenso entre esquerda e direita – no caso, os autores se referem às formulações da tradição anglo-saxônica do comunitarismo tanto de esquerda quanto de direita e também à ideia "romantizada" de comunidade proferida pelas ONGs. Essa ideia de responsabilização comunitária contou, também, com o deslocamento das intervenções estatais para alvos de pobreza muito bem definidos e altamente desagregados por meio de técnicas estatísticas que passaram a comparar os dados nacionais de pobreza em unidades cada vez mais específicas.

O elemento central dessa "engenharia da redução da pobreza" como via para estabilizar a implementação de reformas liberalizantes foi a inscrição da pobreza e do combate à pobreza no espaço da localidade. O deslocamento das intervenções estatais para alvos mais bem definidos só foi possível em função da produção de informações que contribuíram para construir estes alvos. O princípio desta história acontece no início da década de 1990, com as primeiras análises realizadas no âmbito do Banco Mundial sobre os indicadores setoriais de infra-estrutura e de bem-estar nos países, em colaboração com pesquisadores locais:

> No início dos anos 1990, era comum encontrar indicadores sociais, ambientais, econômicos, e outros, sendo cruzados com quintis de riqueza e pobreza de modo tal que enquadravam a ordem social imediata dos pobres

numa série de categorias de desagregadas e localizadas, categorias estas de interesse comum (gênero, etnicidade, filiação, sem-terra, deficiente) e de escala local (comuna, distrito) (Craig e Porter, 2006, p. 79).

Sob o nome de "Avaliações da Pobreza" (*Poverty Assessment*), foram essas pesquisas que construíram a localização da pobreza, mais tarde, presente na abordagem "participativa" da redução da pobreza. Um dado interessante para entender o sentido dessa localização estatística é a própria tradução do termo *assessment*. Em português, *assessment* significa determinação de taxas, taxação, tributação; mas também significa avaliação. Essas pesquisas realizadas pelo Banco Mundial trazem inscritas em sua própria nomeação o seu sentido: uma avaliação quantificável da pobreza e uma taxação da pobreza. Ao mesmo tempo em que se trata de uma avaliação estatística, é uma tributação dos pobres. A partir de meados da década de 1990, já estavam em curso vinte e cinco dessas avaliações nos países da África subsaariana congregando consultores internacionais e ministros das finanças e do planejamento destes países (Craig e Porter, 2006, p. 79).

Nesse primeiro momento, início dos anos 1990, os grupos da "sociedade civil" não estavam envolvidos no processo avaliativo, mas, de acordo com esses autores, o serão a partir da criação das "Avaliações Participativas da Pobreza" (*Participatory Poverty Assessments*) em 1997. Nesse novo tipo de avaliação, métodos participativos desenvolvidos no âmbito das ONGs passaram a fazer parte das avaliações do Banco Mundial. A incorporação desses métodos, todavia, já fora feita no âmbito de outra iniciativa, denominada "Avaliação Participativa Rural" (*Partipatory Rural Appraisal*). Novamente, a nomeação inscreve o sentido do que está em jogo: *appraisal*, em português quer dizer tanto avaliação, como estimativa e cálculo de valor. As ONGs foram, nesse momento, chamadas a partilhar sua *expertise* participativa com o Banco Mundial e garantir que "os pobres tivessem voz" na caracterização de suas privações. Tal avaliação é também chamada de "Avaliação Participativa Rápida" (*Partipatory Rapid Appraisal*), pois consiste em um conjunto de técnicas – grupos focais, entrevistas, mapeamentos, dinâmicas de grupo em geral – cuja intenção é realizar uma rápida "escuta" daqueles que estão envolvidos, no caso os segmentos mais pauperizados que são, por definição, a população alvo, o objeto dos programas de desenvolvimento. O que está suposto é que essas técnicas são capazes de promover o "engajamento comunitário" nas iniciativas de desenvolvimento daqueles que são os mais aptos a falar da sua própria realidade e capazes de definir as metas a serem alcançadas em uma estratégia de desenvolvimento, bem como os instrumentos de monitoramento de suas realizações.

Segundo Craig e Porter, não houve ampliação do escopo da análise da pobreza entre as duas iniciativas, mas sim o aumento do engajamento local dos membros da comunidade e das ONGs por meio desse conjunto de técnicas participativas (2006, p. 80). O resultado de 81 "Avaliações Participativas da Pobreza" (*Participatory Poverty Assessment*) realizadas em sessenta países está registrado em uma série de publicações do Banco Mundial intitulada *Voices of the Poor*. Por meio dessa série, as novas dimensões da pobreza passaram ao centro das prescrições do Banco Mundial, devidamente legitimadas pela "voz dos pobres" – como já comentado, essa publicação é indicada como subsídio para a elaboração do Relatório sobre o Desenvolvimento Mundial de 2000.

Os autores apresentam uma lista de elementos deixados de fora do amplo levantamento presente nas avaliações de pobreza do Banco Mundial. Nessa listagem, notam a ausência dos grupos e de políticas diretamente afetados pelos efeitos do ajuste estrutural: organizações políticas como partidos, sindicatos ou mesmo governos mais inclinados à esquerda; medidas de proteção social já existentes nos países; a estrutura do setor produtivo e do mercado de trabalho. Os efeitos sociais do ajuste não desaparecem exatamente dos Relatórios produzidos por tais avaliações, mas são apresentados como efeitos de problemas de má gestão. Eles aparecem formulados como problemas locais que refletem deficiências de governança: "deficiência do Estado de Direito, governos locais ineficientes, ou bases de taxação locais inadequadas" (2006, p. 81). E aí, a doutrina da boa governança fornece o enquadramento analítico para a criação de um conjunto de instrumentos de monitoramento do desempenho (*performance*) dos governos locais que serão, por sua parte, sancionados em termos da preferência de acesso às linhas de crédito em função do resultado do monitoramento. Este aspecto da localização dos problemas da pobreza foi um aspecto central para a construção da ideia de *ownership*, pois colocou nas mãos dos governos locais, a direção dos acordos na medida em que seu desempenho é monitorado e esses podem ser recompensados por isto.

Anunciada em setembro de 1999, a nova estratégia de desenvolvimento focalizada na redução da pobreza apareceu, inicialmente, como uma nova roupagem para as mesmas reformas do ajuste. Segundo Craig e Porter (2006), isso se deu por uma simples alteração dos títulos dos documentos que passaram ao léxico da redução da pobreza.[19] Como exemplo, eles citam o caso de Camboja que, com a mudança de orientação para a nova iniciativa de redução da pobreza, apresentou seu "Relatório Estratégico de Redução da Pobreza" apenas alterando os nomes da linha de crédito – de *Enhanced Structural Adjustment Facility*

---

19 Os termos dos empréstimos do ajuste estavam dados, pelo FMI, no *Enhanced Structural Adjustment Facility* e pelo Banco Mundial, no *Structural Adjustment Credit*.

para *Poverty Reduction and Growth Facility* – e preservou exatamente os mesmos termos da orientação anterior. A Tanzânia teve apenas seis meses para elaborar seu Relatório sob a nova orientação e procedeu, afirmam os autores, de maneira bastante similar ao Camboja (2006, p. 82).

Da mesma maneira como aconteceu na passagem das "Avaliações da Pobreza" para as "Avaliações Participativas de Pobreza", na qual o comprometimento das ONGs garantiu a construção do sentimento de propriedade (*ownership*) nas localidades, os autores mostram que havia grande esperança entre as agências de cooperação internacional (grandes ONGs sediadas em países do primeiro mundo, como a Oxfam) na inserção de estratégias conduzidas pelos próprios países e comunidades no coração da assistência ao desenvolvimento pela elaboração dos "Relatórios de Redução da Pobreza" como novas garantias de empréstimos. Por conta desta aposta, essas agências mobilizaram as Nações Unidas e ONGs mais à esquerda para que se engajassem no processo. O que era, de fato, uma nova roupagem para os termos do ajuste estrutural, passou a ser formulado em meio a uma ampla coalizão que reuniu o Banco Mundial e o FMI às agências da ONU e agências de financiamento que até então haviam se colocado politicamente em lados opostos. Criava-se, portanto, o suporte institucional para a articulação entre as reformas de liberalização e as estratégias locais de participação que davam "voz" às comunidades. Ficava claro, assim, que se tratava de uma nova iniciativa que diferia do ajuste estrutural, mas não exatamente em termos da sua finalidade, mas em termos da sua estratégia.

A boa governança é definida na esfera do novo enquadramento do desenvolvimento nos seguintes termos: 1. voz e *accountability*, que inclui as liberdades civis; 2. estabilidade política; 3. efetividade governativa, que inclui a qualidade das políticas e dos serviços públicos; 4. a qualidade do quadro regulatório; 5. o respeito à lei, que inclui a proteção aos direitos de propriedade e a independência do judiciário; e 6. o controle da corrupção.[20] Para cada uma dessas seis dimensões, o Banco Mundial apresenta um grupo de indicadores com mapas coloridos, gráficos, tabelas, diagramas cujo propósito é ilustrar o cruzamento dos elementos da boa governança e da qualidade institucional. Um *ranking* de países é fornecido com base nesses indicadores que funciona como o ordenador da assistência ao desenvolvimento, em cuja base está a suposição básica de que a falha na adoção dessas dimensões da boa governança pode resultar na fuga de capitais.

Está suposto em todo este arranjo da boa governança uma relação de competição constante entre os Estados, chamada de "concurrent capacity", que insere cada país em um enquadramento de restrições internacionais dado por um sistema de monitoramento fiscal e de disciplinarização de gastos. As restrições são operadas por meio da classificação dos países segundo "códigos de boas práticas" dentre os quais está o "*benchmarking*": que é um enquadramento que se origina nas formulações da nova administração pública e define a gestão transparente do uso dos recursos por meio da disseminação de dados, do acesso público às informações e às práticas fiscais (Craig e Porter, 2006, p. 115).

No ano de 1999, o FMI publica um Relatório que documenta a adoção de padrões internacionais elaborados pelo Banco Mundial voltados ao desenvolvimento dos setores privado e financeiro e à estabilidade. Também neste ano, o Fundo passa a realizar análises para ajudar países a avaliar sua vulnerabilidade no setor

---

20 De acordo com o artigo de trabalho do Banco Mundial: "Governance Matters", *World Bank Research Working Paper*, nº 2196, 1999, citado em Craig e Porter, 2006, p. 114.

financeiro e criaram instrumentos de avaliação para monitorar o desempenho fiscal dos países na elaboração dos "Relatórios da Estratégia de Redução da Pobreza": *Public Expenditure Reviews, Country Procurement Assessment Reviews, Country Financial AccountabilityBorges, 2001 Reviews e Financial Sector Assessments*. Desde 2003, os membros do Comitê de Assistência ao Desenvolvimento da OCDE adotaram estes mesmos instrumentos com o intuito de "harmonizar, dividir conhecimento e promover condições iniciais comuns" entre os países (2006, p. 116).

A nova linha de crédito para os países pobres muito endividados (*Heavily Indebted Poor Countries*) orientada pela estratégia de redução da pobreza foi lançada pelo FMI também no ano de 1999.[21] A nova abordagem do desenvolvimento do Banco Mundial forneceu o enquadramento dos princípios para que a utilização dos recursos emprestados no âmbito dessa nova linha de crédito do Fundo estivesse em sintonia com as prioridades da redução da pobreza, expressos no "Relatório de Redução da Pobreza". Essas prioridades, por sua vez, foram também apresentadas como a ampla estratégia de desenvolvimento para o milênio lançada no âmbito das Nações Unidas no ano de 2000 (Craig e Porter, 2006, p. 84).

A estratégia de desenvolvimento para o milênio consensuada na Assembleia Geral das Nações Unidas de 2000[22] foi formulada seguindo a orientação proposta por Stiglitz (1998) do

---

21 A antiga linha de financiamento do FMI orientada pelos princípios do ajuste estrutural, *Enhanced Structural Adjustment Facility*, transformou-se na *Poverty Reduction and Growth Facility*. Os objetivos e as condições políticas para os empréstimos deveriam estar definidos nos Relatórios da Estratégia de Redução da Pobreza.

22 O documento final dessa Assembleia (a "Cúpula do Milênio") ficou conhecida como a "Declaração do Milênio" (ONU, 2000).

deslocamento dos antigos planos para uma nova estratégia de desenvolvimento elaborada de maneira participativa com base em objetivos quantificáveis. Os "Objetivos do Desenvolvimento do Milênio" (ODM), como ficou conhecida a estratégia das Nações Unidas, apareceu como um amplo consenso, pois firmado entre os 147 chefes de governo e Estado de 191 países que compunham a Assembleia, em torno de objetivos e metas a serem cumpridos como promessa de desenvolvimento (ONU, 2000).

De acordo com a declaração da Assembleia Geral na qual se firmou esse consenso, os ODM são "medidas concretas para medir o desempenho" dos países no enfrentamento dos principais problemas que impedem o desenvolvimento. Problemas que já aparecem definidos como alvos concretos de ações para as quais se estabelece ferramentas de monitoramento: 8 objetivos, divididos em 18 metas e 48 indicadores de desempenho, cujo cumprimento esperava-se para o ano de 2015. Esse ano foi convencionado como o ano de referência para uma verificação, pela "comunidade internacional", das ações implementadas por cada Estado-membro, no sentido de observar a adequação entre estas ações e os compromissos firmados (PNUD, 2006, p. V).

Os ODM são:

> alvos concretos, como reduzir para metade a percentagem de pessoas que vivem na pobreza extrema, fornecer água potável e educação a todos, inverter a tendência de propagação do HIV/Aids" e são apresentados em oito consignas: "1. Erradicar a extrema pobreza e a fome, 2. Universalizar a educação primária, 3. Promover a igualdade entre os sexos e a autonomia das mulheres, 4. Reduzir a mortalidade na infância, 5. Melhorar a saúde materna, 6. Combater o HIV/aids, a malária e outras doenças, 7. Garantir a sustentabilidade ambiental, e 8. Estabelecer uma parceria mundial para o desenvolvimento (ONU, 2000).

Na introdução da "Declaração do Milênio", o então Secretário-Geral da ONU, Kofi Annan, menciona a preocupação dos chefes de Estado em "adaptar a ONU para o novo milênio", preocupados com a eficácia das ações das Nações Unidas, "querem ação, e acima de tudo, resultados". O forte apelo simbólico do lançamento dos ODM em 2000 – atestado pelo Secretário-Geral Kofi Annan no prefácio da Declaração: "A minha intenção, ao propor a realização da Cúpula, foi utilizar a força simbólica do Milênio para ir ao encontro das necessidades reais das pessoas de todo mundo" (ONU, 2000, p. 1) – criou o elo entre os desdobramentos em torno do desenvolvimento humano nos anos 1990 e as metas a serem cumpridas. O objetivo central da ONU, de acordo com a Declaração, é permitir que a globalização gere frutos positivos para os países mais pobres, o que só pode ser alcançado mediante "esforços amplos e sustentados para criar um futuro comum, baseado na nossa condição humana comum, em toda a sua diversidade" (ONU, 2000, p. 5). É neste sentido que as políticas mundiais devem ser elaboradas tendo em vista às necessidades desses países.

A definição de objetivos quantificáveis na estratégia de desenvolvimento já estava presente no Relatório do Desenvolvimento Humano de 1990 (PNUD, 1990). Esses objetivos respondem aos indicadores examinados no Relatório: imunização total das crianças, redução da mortalidade infantil (menores de cinco anos) pela metade ou na proporção de 70 por 1000 vivos, eliminação da desnutrição severa e redução em 50% da desnutrição parcial, educação básica universal, redução da taxa de analfabetismo adulta pela metade sendo que a taxa feminina não pode ser maior que a metade da taxa masculina, acesso universal à água tratada (PNUD, 1990, p. 67). A estratégia do Banco Mundial apresentada em 1999 e logo em seguida corroborada nos Objetivos de Desenvolvimento do Milênio, em 2000, converge nessa mesma direção e incorpora o quadro normativo criado pelo desenvolvimento humano.

De acordo com Craig e Porter, os objetivos elaborados pelas Nações Unidas (ODM) forneceram o enquadramento prático para a estratégia de redução da pobreza implementada pelo Banco Mundial. Os ODM são indicadores capazes de auferir resultados relativos à pobreza que forneceram à Estratégia de Redução da Pobreza do Banco Mundial a necessária credibilidade e responsabilização (*accountability*) para a construção do consenso político necessário. Estes indicadores fornecem a plausibilidade prática ao consenso ideológico em torno da Estratégia de Redução da Pobreza, já que fornecem a base para a sustentação do argumento de que não são ações paliativas, mas ações sustentadas pelo propósito comum de redução da pobreza. Por outro lado, a Estratégia foi responsável por retirar os ODM do circuito fechado das Nações Unidas, oferecendo-lhe um conjunto de princípios gerais e fornecendo uma maneira de inseri-lo na gestão interna das finanças dos países altamente endividados. Tais princípios estavam presentes na nova abordagem do desenvolvimento lançada pelo Banco Mundial – Quadro abrangente de desenvolvimento – na sua defesa da *ownership*, no foco nos resultados e nas iniciativas em parceria dirigidas pelas próprias localidades.

Ao final do livro *Planeta Favela*, Mike Davis comenta que a Campanha das Metas de Desenvolvimento do Milênio (MDM)[23] foi o último sopro do idealismo desenvolvimentista em sua aposta de cortar pela metade, até 2015, a pobreza mundial. Ele argumenta que as metas não serão cumpridas:

---

23 Objetivos do Desenvolvimento do Milênio (ODM), Metas de Desenvolvimento do Milênio (MDM) ou Metas de Desenvolvimento Internacional são as várias maneiras pelas quais este quadro quantificável é denominado.

## O consenso das oportunidades 221

> Apesar de casos esporádicos de solidariedade dos países ricos – como, em julho de 2005, os eventos do Make Poverty History e Live 8 ocorridos durante a reunião da Cúpula do G8, no Hotel Gleneagles, em Edimburgo [Reino Unido] –, as MDM, quase certamente, não serão atingidas no futuro próximo. Em seu *Relatório de Desenvolvimento Humano 2004*, importantes pesquisadores da ONU advertiram que, no nível atual de 'progresso', a África subsaariana só atingirá a maioria dos MDMs com o século XXI já bem avançado. Os principais parceiros do subdesenvolvimento da África, FMI e o Banco Mundial, repetiram a mesma avaliação pessimista em seu *Relatório de Monitoramento Global*, publicado em abril de 2005 (Davis, 2006, p. 200).

Esse livro procurou demonstrar, contudo, que essas metas foram criadas justamente para não serem cumpridas. Seu verdadeiro propósito é o de estabelecer níveis de tolerância para a pobreza. As metas são parte de uma estratégia de gestão dos níveis de pobreza cuja orientação é o controle a eventuais irrupções sociais a partir das articulações participativas que as tornam possíveis. A esfera das finanças não é objeto da formulação das políticas, ela é, ao contrário, blindada ao passo que instrumentos de gestão da pobreza são construídos para a estabilização de eventuais conflitos sociais potencializados pelas políticas de liberalização econômica.

# CONSIDERAÇÕES FINAIS
## *O consenso das oportunidades na fronteira aberta do neoliberalismo*

O problema da governabilidade consiste em tornar governável o foco da instabilidade social e política (Fiori, 1995). Esse foi o sentido da agenda de desenvolvimento formulada pelo Banco Mundial discutida nesse livro. Desde a década de 1960, no contexto do acirramento das tensões no quadro da Guerra Fria (guerras de libertação de orientação nacionalista ou socialista) e do término da reconstrução das economias destruídas com a Segunda Guerra Mundial, o foco de atenção do Banco se deslocou prioritariamente para os países da periferia. Foi nesse quadro político que os aspectos sociais foram abordados como elemento de sustentação do regime econômico desenvolvimentista vigente a época. A suposição que orientou toda a discussão apresentada aqui é que não houve mudança na tônica dada a essa maneira de circunscrever o problema social na agenda de desenvolvimento prescrita pelo Banco Mundial. Esse é o sentido da atenção que o Banco sempre adotou em relação ao possível impacto que os padrões sociais da periferia pudessem ter no equilíbrio do sistema econômico. Demonstrou-se que houve alterações nas táticas empreendidas para governar aquilo que se formulava como o foco de instabilidade social e política.

A pobreza figurou no centro desse problema, ao menos para a periferia, desde a década de 1960, ainda que a formulação do suposto diagnóstico de instabilidade tenha sido distinta em cada momento. Essa diferença esteve relacionada, de um lado, a maneira como se pensava a expansão do sistema econômico e, de outro, às formas pelas quais o conflito pela apropriação da riqueza era formulado politicamente. Nessa primeira década, a Revolução Cubana e a disputa política e econômica entre os Estados Unidas e a URSS definiram a codificação da pobreza nos termos do perigo do comunismo. A solução dada para governar a possível instabilidade do sistema econômico fora a elaboração de um padrão de desenvolvimento que permitiu a industrialização das sociedades periféricas. O argumento era que sociedades mais desenvolvidas econômica e socialmente, em função do avanço no padrão de crescimento econômico, eram sociedades mais estáveis e, por isso, mais distantes da zona de influência comunista.

Na década de 1970, a abordagem social do Banco é incrementada com a percepção do então ex-Secretário de Defesa, Robert McNamara, de que uma maior eficiência na construção de sociedades estáveis nas periferias seria alcançada por meio do "reconhecimento" e do "controle das reivindicações populares". Segundo ele, a manutenção da estabilidade na ordem econômica e política deveria contar com a atuação direta das nações na responsabilização pelos empréstimos contratados. A atuação junto aos aspectos sociais tornou-se mais direta sob a sua presidência no Banco Mundial. Foi nesse momento que se criaram técnicas de planejamento sofisticadas no interior do Banco por meio das quais a pobreza começava a ser objetivada diretamente. O uso da razão econômica do custo-benefício já empreendida para calcular a eficiência de ataques militares é transferido por McNamara de sua experiência na Guerra do Vietnã[1] para as análises de custo--benefício social empreendidas nos programas sociais do Banco Mundial. O foco desses programas – voltado diretamente para os pobres (*pro poor*) – era o aumento da produtividade da força de trabalho. Esse investimento, realizado em programas de controle demográfico, saúde, educação, saneamento e nutrição, foi orientado pelas formulações da antiga teoria do capital humano que concebia as "habilidades e destrezas" humanas como uma forma de capital e, portanto, passíveis de investimento.

Esse investimento na produtividade da força de trabalho foi formulado no âmbito da agenda das necessidades básicas, que marcou o início da maior atenção do Banco aos temas sociais. Conforme foi discutido nesse livro, essa suposta sensibilidade social do Banco é, de fato, sua resposta ao aumento das pressões nos marcos da Guerra Fria, que culminaram em revoltas políticas e revoluções nacionalistas e socialistas, e também às pressões de países não-alinhados para que os bancos multilaterais apoiassem reformas sociais. Seguindo o raciocínio de que a abordagem social no interior do Banco Mundial é uma estratégia de governo das instabilidades, o sentido dessa agenda das necessidades básicas foi dado por uma estratégia de segurança política que marcara o deslocamento do foco de atuação do Banco prioritariamente em direção à periferia já na década de 1960.

Esse é o mesmo sentido dado à retomada do ideário social na gestão de James Wolfensohn na presidência do Banco Mun-

---

[1] O documentário de Errol Morris sobre a vida de McNamara – *Sob a névoa da guerra: onze lições sobre a vida de Robert S. McNamara*, 2003 – mostra que a transferência entre essas experiências foi tomada propositadamente por McNamara.

dial (1995-2005). O propósito aqui não foi o de explorar detidamente as diferentes codificações que a pobreza assumiu enquanto ponto de apoio da estratégia de manutenção da governabilidade do sistema econômico. Mas procurou-se demonstrar a novidade nessa codificação no momento em que se operou um processo de crítica interna das reformas neoliberalizantes do ajuste estrutural – tomadas como a tentativa de re-equilibrar o sistema econômico após a crise do padrão de regulação keynesiano-fordista no final da década de 1970. A novidade dessa codificação em relação às formulações anteriores do problema social foi a convergência política que a tornou possível.

Procurou-se aqui remontar modulações sofridas na agenda das reformas do ajuste estrutural que, seguindo a associação já presente na gestão de McNamara entre segurança e pobreza, tornaram localizável o (suposto) foco de instabilidade social. Localização operada por meio da responsabilização, primeiramente dos países, mas logo da população pauperizada, pela continuidade das reformas liberalizantes. Sustentou-se que a plausibilidade dessa localização foi construída no contexto específico da década de 1990. A especificidade desse momento é dada, de um lado, pelas revisões críticas nas formulações teóricas e nas avaliações práticas que sustentavam as reformas e que repercutiram naquelas modulações e, de outro, pelas redefinições no entendimento do desenvolvimento, discutidas aqui a partir das Nações Unidas. A intenção foi mostrar como controvérsias internas ao neoliberalismo alcançaram expressão internacional, e no interior de cada sociedade, por meio de uma convergência entre o Banco Mundial e as Nações Unidas.

O foco por excelência da instabilidade social continuou sendo formulado como a pobreza, cuja codificação se diversificou um pouco em relação ao perigo dos comunistas – imigrantes, terroristas, "populistas". A própria identificação da pobreza também sofreu uma diversificação. No bojo das críticas ao privilégio do crescimento econômico como o caminho para o desenvolvimento, as dimensões que identificavam a pobreza foram ampliadas para além da insuficiência de renda. Essa ampliação aconteceu por meio de uma noção pela qual o desenvolvimento deveria levar em conta os aspectos humanos, sociais e cuturais nas suas prescrições. A noção de desenvolvimento humano foi formulada no âmbito das Nações Unidas no ensejo da mobilização civil do início dos anos 1990 que vocalizou críticas aos efeitos sociais das reformas do ajuste estrutural e exigiu-lhe uma face humana. No âmago dessa noção está a abordagem das capacidades de Amartya Sen, que forneceria os novos critérios normativos por meio dos quais a convergência entre o Banco Mundial e as Nações Unidas se faria possível.

A incidência das estratégias de desenvolvimento nas pessoas, presente na reivindicação de um desenvolvimento humano, foi mobilizada como justificativa para a elaboração de técnicas (estatísticas e participativas) que construíram a plausibilidade da responsabilização local pela situação de pobreza. E foi por meio dessas técnicas de responsabilização que as reformas de liberalização se aprofundaram. Dessa maneira, os segmentos mais pauperizados foram levados ao centro do problema político das reformas econômicas prescritas pelo Banco Mundial, conformando um novo consenso em cujo centro está o tratamento do problema da pobreza. Esse é o sentido do deslocamento do social para o centro das reformas econômicas.

Chamou-se aqui de "consenso das oportunidades" essa convergência possível pela redefinição operada pela abordagem de Amartya Sen da pobreza como privação de capacidades. A ideia de que os critérios de julgamento de uma vida boa são dados pela expansão das liberdades de escolha dos indivíduos construiu o solo sobre o qual se assistiu ao deslocamento do que se entende por desenvolvimento. Do acúmulo de riquezas – entendimento que deixava aberta a brecha política para a disputa das formas de produção e apropriação dessa riqueza –, o processo de desenvolvimento passou a ser sinônimo da criação de um ambiente de oportunidades para que os indivíduos possam desfrutar dos benefícios da globalização.

O aprofundamento das reformas liberalizantes foi tomado no interior da consolidação da doutrina da boa governança que, como se discutiu, tratou de definir a importância do papel das instituições na garantia do funcionamento do mercado. Aparentemente, não há muita novidade aí, pois se sabe que o mercado é uma produção política e, portanto, não existe sem que haja instituições conformadas para o seu funcionamento. A diferença está no modo a partir do qual as instituições foram tomadas como determinantes para esse funcionamento. Como se viu na descrição progressiva das formulações da doutrina da boa governança, sua evolução foi operada na direção de acentuar as dinâmicas sociais e culturais locais como pontos de apoio para a criação, ou transformação, de instituições voltadas ao funcionamento do mercado. Novamente, aí, a convergência crítica desempenhou seu papel, já que não se trata de prescrever "modelos que vêm de fora" como solução para o desenvolvimento, mas, pelo contrário, trata-se de mobilizar os pontos de apoio local necessários para a tomada de responsabilidade em relação às reformas. O sentido do modo pelo qual o reforço institucional é tomado fica claro a partir da segunda metade da década de 1990, quando a redução da pobreza passa a ser codificada como a garantia do bom governo. A elaboração dos "Relatórios Participativos de Redução da Pobreza", como condição para a concessão da linha de crédito criada pelo FMI para os países pobres muito endividados, expressa exatamente o sentido da amarração entre a redução da pobreza e as reformas de liberalização.

Como já foi dito aqui, os padrões sociais da periferia sempre estiveram no foco das prescrições do Banco Mundial como possíveis focos de desestabilização do sistema econômico. Com o "consenso das oportunidades" não é diferente. Porém, esses padrões ocupam um lugar distinto do que ocuparam nas décadas de 1960 e 1970, não são apenas indicados como focos de desestabilização, são também focos de equilíbrio do sistema. Essa mudança está diretamente relacionada à consolidação política da estratégia de desenvolvimento definida por metas quantificáveis (abertas às contingências presentes no tempo e no espaço) formulada nos marcos da convergência entre o novo paradigma de desenvolvimento apresentado por Joseph Stiglitz, o enquadramento do desenvolvimento presente nos Relatórios de Desenvolvimento Humano do PNUD e o posterior lançamento dos Objetivos de Desenvolvimento do Milênio (ODM) pelas Nações Unidas. O lugar ocupado pelos padrões sociais da periferia, codificados como "os pobres" e definidos pela abordagem múltipla da pobreza de Amartya Sen, é o de "parceiros" nessa estratégia de redução da pobreza – a forma assumida pelas prescrições do desenvolvimento no final do século XX.

Finalmente, o que se procurou demonstrar aqui foi que o sentido das novas referências normativas construídas na convergência entre o Banco Mundial e as Nações Unidas – representantes no âmbito internacional de práticas que outrora estavam dispostas em lados opostos do espectro político – foi tornar plausível, internamente em cada sociedade, a gestão dos níveis de pobreza como estratégia para o avanço do neoliberalismo.

# BIBLIOGRAFIA

ANDERSON, Perry. "Balanço do neoliberalismo". In: GENTILI, Pablo (org). *Pós-neoliberalismo – As políticas sociais e o Estado Democrático*, Rio de Janeiro: Paz e Terra, 1998.

_____. "El despliegue del neoliberalimso y sus lecciones para la izquierda". *Revista Pasos*, n.66, jul/ago de 1996.

ARANTES, Pedro. *Ajuste urbano: as políticas do Banco Mundial e do BID para as cidades latino-americanas.* Dissertação (Mestrado em Estruturas Ambientais Urbanas) – FAU – USP, São Paulo, 2004.

ARRIGHI, Giovanni. "A crise africana: aspcetos regionais e sistêmicos do mundo". In: SADER, Emir. *Contragolpes*, seleção New Left Review. São Paulo: Boitempo, 2006. p. 31-59.

BANCO MUNDIAL. Relatório sobre o Desenvolvimento Mundial de 2000/2001: *Luta Contra a Pobreza [Attacking Poverty]*, Washington, D.C., 2001 [2000].

_____. Relatório sobre o Desenvolvimento Mundial de 1997: *The State in a changing world*, Washington, D.C, 1997

_____. *Governance: The World Bank's experience*, Washington, D.C., jun/1994.

_____. *Governance and development*, Washington, Washington, D.C., apr/1992.

_____. *Managing development*: The governance dimension, A discussion paper, Washington, D.C., aug/1991.

_____. *Sub-saharan Africa: from crisis to sustainable growth*, Washington, D.C., nov/1989.

BORGES, André. "Governança e política educacional: a agenda recente do banco mundial". *Revista Brasileira de Ciências Sociais*, vol. 18, no. 52, São Paulo, junho de 2003.

_____. "Democracia vs. eficiência: a teoria da escolha pública". *Lua Nova*, n. 53, 2001. p. 159-179.

BRESSER-PEREIRA, Luis Carlos. "A Reforma do Estado nos anos 90: Lógica e Mecanismos de Controle". *Lua Nova*, São Paulo: Cedec, v. 45, 1998. p. 49-95

CANO, Gabriela Tedeschi, *Os desafios do desenvolvimento humano da ONU, a partir do relatório do desenvolvimento humano de 1990*. Dissertação (Mestrado em Relações Internacionais) - Programa San Tiago Dantas, Unesp, Unicamp, PUC-SP, São Paulo, 2006.

CARDOSO, Adauto Lucio. "Indicadores sociais e políticas públicas: algumas notas críticas". *Proposta*, Rio de Janeiro: Fase, n.77, junho/agosto, 1998. p. 42-53.

CARDOSO, Miriam Limoeiro. "Ideologia da globalização e (des)caminhos da ciência social". In: GENTILI, Pablo (org). *Globalização excludente – desigualdade, exclusão e democracia na nova ordem mundial*. Petrópolis/RJ: Vozes, 1999. p. 96-125.

CARVALHO, Carlos Eduardo. "O governo Lula, triunfo espetacular do neoliberalismo". *Revista Margem Esquerda*, n.3, São Paulo: Boitempo, 2004.

CHESNAIS, François. *A mundialização do capital*. São Paulo: Xamã, 1996.

CLARK, David. A. *The capability approach: Its Development, critiques and recent advances*. Disponível em <www.gprg.org>. Acesso em 24 jun. 2008

COELHO, Jaime Cesar. *Economia, poder e influência externa: o Grupo Banco Mundial e as políticas de ajustes estruturais na América Latina, nas décadas de oitenta e noventa*. Tese (Doutorado) – IFCH – Unicamp, São Paulo, 2002.

COSTA, Karen Fernandez Costa. "Reformas liberalizantes nos países periféricos: estruturas, atores e processos". *Revista de Sociologia e Política*, Curitiba v. 16, n.31, 2008. p. 223-229. Disponível em <http://www.scielo.br/scielo.php?script=sci_arttext&pid=S0104-44782008000200017>. Acesso em 30 de out. 2017.

CRAIG, David; PORTER, Doug. *Development beyond neoliberalism? Governance, Poverty Reduction and Political Economy*. London e New York: Routledge, 2006.

CRUZ, Sebastião Velasco e. *Trajetórias – capitalismo neoliberal e reformas econômicas nos países da periferia*, São Paulo: Unesp, 2007.

CUNHA, Marcia Pereira. *Do planejamento à ação focalizada – Ipea e a transformação da intervenção estatal na área social*. Projeto (Doutorado) – FFLCH – USP, São Paulo, 2007.

_____. *Os andaimes do trabalho voluntário*. Dissertação (Mestrado em Sociologia) – FFLCH – USP, São Paulo, 2005.

DAVIS, Mike. *Planeta Favelas*. São Paulo: Boitempo, 2006.

DEMARCO, Diogo Joel. *Educação e desenvolvimento: o Índice Paulista de Responsabilidade Social nos municípios do noroeste paulista*. Tese (Doutorado em Educação) – FE – USP, São Paulo, 2004.

DINIZ, Eli. "O Pós-Consenso de Washington: a globalização e o desenvolvimento revisitados", *30o Encontro Anual da Anpocs*, 2006. Disponível em: <www.ie.ufrj.br/aparte>. Acesso em 19/09/2007.

EVANS, Peter. "Análise do Estado no mundo neoliberal: uma abordagem institucional comparativa". *Revista de Economia Contemporânea*, no. 4, jul-dez, 1998. p. 51-85. Disponível em http://www.ie.ufrj.br/images/pesquisa/publicacoes/rec/REC%202/REC_2.2_03_Analise_do_estado_no_mundo_neoliberal.pdf>. Acesso em 30 out. 2017.

_____. "Além da *monocultura institucional*: instituições, capacidades e desenvolvimento deliberativo", *Sociologias*, Porto Alegre, ano 5, n.9, jan/jun, 2003. p. 20-63. Disponível em <http://www.seer.ufrgs.br/index.php/sociologias/article/view/5869>. Acesso em 30 out. 2017.

FIORI, José Luis. "Não há vitória do keynesianismo nem abandono da ideologia liberal". *Jornal Folha de São Paulo*, São Paulo, 03/05/2009.

_____. *Os moedeiros falsos*. Petrópolis/RJ: Vozes, 1997. 251p.

_____. "Ajuste, transição e governabilidade: o enigma brasileiro". In: TAVARES, Mª Conceição; _____. A *Revista Musical & de Belas Artes* (1879-1880) e o panorama musical do Rio de Janeiro no fim do século XIX. In: ENCONTRO REGIONAL DE HISTÓRIA, 16., 2014, Rio de Janeiro. Saberes e práticas científicas. *Anais do XI Encontro Regional de História*. Rio de Janeiro: ANPUH-RJ, 2014.

_____. *Desajuste Global e modernização conservadora*. Rio de Janeiro: Paz e Terra. 1996 [1993]. p. 127-193.

_____. "A governabilidade democrática da nova ordem econômica". *Novos Estudos*, São Paulo, n.43, p. 157-173, nov. 1995. Disponível em <http://novosestudos.uol.com.br/produto/edicao-43/>. Acesso em 30 out. 2017.

FONSECA, Francisco Fonseca, *O consenso forjado – A grande imprensa e a formação da Agenda Ultraliberal no Brasil*. São Paulo: Hucitec, 2005

FOUCAULT, Michel. *Segurança, Território e População*. São Paulo: Martins Fontes, 2008 [2004].

_____. *Nascimento da biopolítica*. São Paulo: Martins Fontes, 2008 [2004]

FUKUDA-PARR, Sakiko. *Operacionalizando as ideias de Amartya Sen sobre capacidades, desenvolvimento, liberdade e direitos humanos – o deslocamento do foco das políticas de abordagem do desenvolvimento humano*. Setembro de 2002. Disponível em <http://sso.sdr.sc.gov.br>. Acesso em 07 nov. 2013.

GIFFIN, Karen Mary. Financeirização do Estado, erosão da democracia e empobrecimento da cidadania: tendências globais?. *Ciência e Saúde Coletiva*, Rio de Janeiro, v.12, n.6, p. 1491-1504, jan, nov/dec. 2007.

GIMENEZ, Denis Maracci. *A questão social e os limites do projeto liberal no Brasil*. Tese (Tese em Desenvolvimento Econômico) –IE – Unicamp, Campinas, 2007.

GRÜN, Roberto. "Decifra-me ou te devoro! As finanças e a sociedade brasileira". *Mana*, 13(2), p.281-410, 2007. Disponível em <http://www.scielo.br/scielo.php?script=sci_arttext&pid =S0104-93132007000200004> Acesso em 30 out. 2017.

_____. "Convergência das elites e inovações financeiras: a governança corporativa no Brasil". *Revista Brasileira de Ciências Sociais*, vol.20, n.58, p. 57-69, jun/2005. Disponível em <www.scielo.br/pdf/rbcsoc/v20n58/25629.pdf>. Acesso em 30 out. 2017.

HALL, Peter. A; TAYLOR, Rosemary C. R. "As três versões do neoinstitucionalismo". *Lua Nova*, São Paulo, n.58, p.193-223, 2003. Disponível em <http://www.scielo.br/scielo.php?pid=S0102-64452003000100010&script=sci_abstract&tlng=pt>. Acesso em 30 out. 2017.

HARVEY, David. *O neoliberalismo – história e implicações*. São Paulo: Loyola, 2008.

_____. *A condição pós-moderna*, São Paulo, 1999 [1992].

HIRSCHMAN, Albert. "Ascensão e declínio da economia do desenvolvimento". *Dados*, vol. 25, n.1, Rio de Janeiro: Iuperj, 1982. p. 5-24.

KAYANO, Jorge. & CALDAS, Eduardo., "Indicadores para o diálogo". *Novos contornos da gestão local: conceitos em construção*, São Paulo: Pólis – Programa Gestão Pública e Cidadania, 2002. p. 291-318.

KUCZYNSKI, Pedro-Pablo; WILLIAMSON, John (org). *Depois do Consenso de Washington – retomando o crescimento e a reformas na América Latina*. São Paulo, Saraiva, 2004.

LEHER, Roberto. *Da ideologia do desenvolvimento à ideologia da globalização: a educação como estratégia do Banco Mundial como "alívio" da pobreza*. Tese (Doutorado) – FE – USP, São Paulo, 1998.

LICHTENSZTEJN, Samuel; BAER, Monica. *Fundo Monetário Internacional e Banco Mundial*, São Paulo: Brasiliense, 1987.

LÓPEZ-RUIZ, Osvaldo. *Os executivos das transnacionais e o espírito do capitalismo – capital humano e empreendedorismo como valores sociais*. Rio de Janeiro: Azougue Editorial, 2007.

MACHADO, João Guilherme R.; PAMPLONA, João Batista. "O ONU e o desenvolvimento econômico: uma interpretação das bases teóricas da atuação do PNUD". *Economia e Sociedade*, Campinas, v.17, n.1, jan/abr. 2008. p. 53-84. Disponível em < http://www.scielo.br/scielo.php?script=sci_arttext&pid=S0104-06182008000100003&lng=en&nrm=iso&tlng=pt>. Acesso em 30 out 2017.

MAGALHÃES JR., José César *O mercado da dádiva – formas biopolíticas de um controle das populações periféricas urbanas*. Dissertação (Mestrado em Sociologia) – FFLCH – USP, São Paulo, 2006.

MINELLA, Ary Cesar. "Construindo hegemonia: democracia e livre mercado (atuação do NED e do CIPE na América Latina)". *Caderno CRH* [online], vol. 22, n°55, Salvador, jan/abr, 2009. p. 13-40. Disponível em <http://www.scielo.br/scielo.php?script=sci_arttext&pid=S0103-49792009000100002&lng=en&nrm=iso&tlng=pt>. Acesso em 30 out. 2017.

MORAES, Reginaldo. "Notas sobre a economia do desenvolvimento nos *vinte e cinco gloriosos* do pós-guerra". *Cadernos Cedec*, São Paulo, n.76, ago. 2005. Disponível em <http://www.cedec.org.br/cadernos/index/p/2>. Acesso em 30 out. 2017.

_____. *Neoliberalismo. De onde vem, para onde vai?* São Paulo: Senac. 2001.

MOUNTIAN, André Gal. *O Banco Mundial e a Pobreza*. Dissertação (Mestrado em Economia Política) – Faculdade de Economia – PUC-SP, São Paulo, 2008.

NEVES, Lúcia Maria Wanderley (org). *A nova pedagogia da hegemonia. Estratégias do capital para educar o consenso.* São Paulo: Xamã, 2005.

NOGUEIRA, Aico Sipriano. *O PNUD e a cooperação técnica nos anos 90 no Brasil* – governança, governabilidade e sociabilidade no mundo moderno. Tese (Doutorado) – FFLCH – USP, São Paulo, 2001.

OLIVEIRA, Francisco de. Hegemonia às avessas. OLIVEIRA, F.; BRAGA. R.; RIZEK. C. *Hegemonia às avessas.* São Paulo: Boitempo. 2010.

_____. *A colonização da política*, base para a conferência de abertura da reunião da Sociedade Brasileira de Economia Política, jun, Vitória/Espírito Santo: [s.n.] 2006. 6p.

_____. *Crítica à razão dualista/O ornitorrinco*. São Paulo: Boitempo, 2003.

_____. O Estado e a Exceção: ou o Estado de Exceção?, texto preparado como base para a Conferência de abertura da *Reunião Anual da ANPUR* – Associação Nacional de Pós-Graduação em Planejamento Urbano e Regional, Belo Horizonte, 2003. 7p.

_____. Neoliberalismo à brasileira, In: E. Sader & P. Gentili Pablo (orgs.). *Pós-neoliberalismo* – as políticas sociais e o Estado democrático. São Paulo: Paz e Terra, 1995. p. 24-34.

OLIVEIRA, Francisco de; PAOLI, Mª Célia. *Os sentidos da democracia* – políticas do dissenso e hegemonia global. Petrópolis/RJ: Vozes, 1999. 335p.

ONU, *Declaração do Milênio*, Declaração da Assembleia Geral das Nações Unidas, Nova York, set/2000.

PAOLI, Mª Célia. O mundo do indistinto: sobre gestão, violência e política, In: OLIVEIRA, F. & RIZEK, C. *A era indeterminação*, São Paulo: Boitempo, 2007 (Estado de sítio). p. 221-256.

_____. Empresas e responsabilidade social: os enredamentos da cidadania no Brasil, In: SANTOS, B. S. S., *Democratizar a democracia* – os caminhos da democracia participativa. Rio de Janeiro: Civilização Brasileira, 2002. p. 373-418.

PAULA, Ana Paula Paes de. *Por uma nova gestão pública*: limites e possibilidades da experiência contemporânea. Rio de Janeiro: FGV, 2005. 204p.

PERRONE-MOISÉIS, Claudia. Direitos humanos e desenvolvimento: a contribuição das Nações Unidas, AMARAL JR, A. & PERRONE-MOISÉIS, C. *O 50o da Declaração Universal dos Direitos do Homem*. São Paulo: Edusp, 1999.

PNUD, *Human Development Report 1990*, 1990.

PNUD, Relatório do Desenvolvimento Humano 2006. *A água para lá da escassez: poder, pobreza e a crise mundial da água*, 2006.

POLLINI JR., Airton Brazil. *A Aliança para o Progresso verus o Consenso de Washington*: recomendações dos organismos econômicos internacionais. Dissertação. (Mestrado em História Econômica) – Instituto de Economia, Universidade Estadual de Campinas, Campinas, 1999.

RANCIÈRE, Jacques. *O Desentendimento*. São Paulo: 34, 1996.

REBÊLO JR. Manoel. *O desenvolvimento sustentável* – a crise do capital e o processo de recolonização. 2002. Tese (Tese em Geogragia Humana) – Faculdade de Filosofia, Letras e

Ciências Humanas, Universidade de São Paulo, São Paulo.

RODRIK, Dani. Goodbye Washington Consensus, hello Washington Confusion? A review of The World's Bank Economic Growth in the 1990s: Learnig from de decade of reform, *Journal of Economic Literature*, vol. 44(4), p. 973-987, dec. 2006,

ROMÃO, Maurício Costa. Uma proposta de extensão do "Índice de Desenvolvimento Humano" das Nações Unidas. *Revista de Economia Política*, vol.13, n.4 (52), p. 97-111, out/dez, 1993

SEN, Amartya. K. *Desenvolvimento como liberdade*, São Paulo: Companhia das Letras, 2000. 409p.

_____. "O desenvolvimento como expansão de capacidades", *Lua Nova*, São Paulo: Cedec, n.28/29, 1993, p. 313-333.

_____. "Comportamento econômico e sentimentos morais", *Lua Nova*, São Paulo: Cedec, n.25, 1992, p. 103-130.

SINGH, Ajit. Openness and the market friendly approach to development: learning the right lessons from development experience, *World Development*, 22 (12): 1811-1823, 1994.

SOARES, Laura Tavares. *Ajuste neoliberal e desajuste social na América Latina*. Petrópolis/RJ: Vozes, 2001. 362p.

SOUZA, Celina; CARVALHO, Inaia Maria Moreira. Reforma do Estado, descentralização e desigualdades, *Revista Lua Nova*, nº 48, São Paulo: Cedec, 1999. p. 187-212

SOUZA, Regina Magalhães. *O discurso do protagonismo juvenil*. São Paulo: Paulus, 2008. (Coleção Ciências Sociais). 212p.

STIGLITZ, Joseph. Introduction. In: GLBERT, Christopher L.; VINES, David. *The World Bank* – Structure and Policies. Cambridge: Cambridge University Press, 2006 [2000]. p. 1-9.

_____. *A globalização e seus malefícios*: a promessa não cumprida de benefícios globais. São Paulo: Futura, 2002. 328p.

_____. "Towards a new paradigm for development: strategies, policies, and processes", Conferência Anual *Prebisch Lecture* da UNCTAD, Genebra: outubro de 1998. 46p.

TELLES, Vera da Silva. Indicadores sociais entre a objetividade e a subjetividade, *Seminário Internacional sobre Indicadores Sociais para a Inclusão Social*, 11f. São Paulo: Núcleo de Estudos e Pesquisas em Seguridade e Assistência Social, Programa de Estudos Pós-Graduandos da Pontifícia Universidade Católica de São Paulo, 2003.

_____. A ′nova questão social′ brasileira: ou como as figuras do nosso atraso viraram símbolos de modernidade, In: _____. *Pobreza e cidadania*. São Paulo: 34, 2001. p. 139-165.

_____. No fio da navalha: entre carências e direitos – notas a propósito dos Programas de Renda Mínima no Brasil, In: CACCIA-BAVA. S. (org), *Programas de Renda Mínima no Brasil – impactos e potencialidades*, São Paulo: Instituto Pólis, 1998. p.1 -23.

UGÁ, Vivian Domínguez. A categoria "pobreza" nas formulações de política social do Banco Mundial, *Revista de Sociologia e Política*, Curitiba, 23, p. 55-62, nov. 2004.

WADE, Robert. Showdown at The World Bank, *New Left Review*, Londres, 7, p.124-137, jan/feb. 2001.

WILLIAMS, David; YOUNG, Tom. Governance, the World Bank and Liberal Theory. *Political Studies,* vol.42(1). p.84-100, mar. 1994.

YAZBECK, Carmelita. Voluntariado e profissionalidade na intervenção social, In: Intervenção Social – atas do seminário

*Info-exclusão, info-inclusão e novas tecnologias*: desafios para as políticas sociais e o Serviço Social, Dossiê Voluntariado Social: Perspectivas e Práticas, Lisboa: [sn], 2002. p.171-184.

_____. A política social brasileira nos anos 90: a refilantropização da questão social, In: *Cadernos Abong*, São Paulo: Abong (Subsídios à Conferência de Assistência Social), 1995. p.37-51.

Alameda nas redes sociais:

Site: www.alamedaeditorial.com.br
Facebook.com/alamedaeditorial/
Twitter.com/editoraalameda
Instagram.com/editora_alameda/

Esta obra foi impressa em São Paulo na primavera de 2018. No texto foi utilizada a fonte Minion Pro em corpo 10,5 e entrelinha de 15,5 pontos.